古代歷史文化研究輯刊

十九編

王明蓀 主編

第33冊

唐代楷書之二篆系統（下）

郭伯佾 著

國家圖書館出版品預行編目資料

唐代楷書之二篆系統（下）／郭伯佾 著 — 初版 — 新北市：花
木蘭文化事業有限公司，2018〔民107〕
目 14+164 面；19×26 公分
（古代歷史文化研究輯刊 十九編；第33冊）
ISBN 978-986-485-429-5（精裝）
1. 楷書 2. 唐代
618   107002325

ISBN-978-986-485-429-5

9 789864 854295

古代歷史文化研究輯刊
十九編　第三三冊　　　　　　ISBN：978-986-485-429-5

唐代楷書之二篆系統（下）

作　　者　郭伯佾
主　　編　王明蓀
總 編 輯　杜潔祥
副總編輯　楊嘉樂
編　　輯　許郁翎、王筑　美術編輯　陳逸婷
出　　版　花木蘭文化事業有限公司
發 行 人　高小娟
聯絡地址　235 新北市中和區中安街七二號十三樓
　　　　　電話：02-2923-1455／傳眞：02-2923-1452
網　　址　http://www.huamulan.tw 信箱 hml 810518@gmail.com
印　　刷　普羅文化出版廣告事業
初　　版　2018 年 3 月
全書字數　268681 字
定　　價　十九編 39 冊（精裝）台幣 100,000 元

唐代楷書之二篆系統（下）

郭伯佾　著

目

次

第三章　楷書在唐代之流行盛況

唐代爲中國書法史上之中興時期。馬宗霍云：

> 自魏晉迄於南北朝，流傳書蹟以眞草爲大宗；篆成絕響，八分亦不
> 墜如縷——「隸書」之稱，則或與眞混，或與八分混，久已不復別
> 出矣——惟至唐，則各體皆有名家，不得謂非書道一中興也。[註1]

而在各體書法中，唐代士人最重視者爲當時稱作「隸書」的楷書。杜光
庭〈字書優劣體意〉云：

> 篆籀八分失之太難，行書草書失之太易；可爲萬世行者，惟隸書得
> 中。[註2]

因此，在有唐一代（618～907），楷書的藝術表現毋寧是各種書體中最爲精彩
者。盧中南云：

> 楷書創始于漢末，盛行于魏晉南北朝，歷經近千年的發展過程，形
> 成唐代楷書藝術集爲大成的盛況。有唐以後自宋元明清到現在，楷
> 書仍然作爲一種實用書體使用至今，但是楷書作爲藝術的發展再也
> 沒有出現大唐時代的輝煌。[註3]

唐代楷書的藝術成就，可以從眾多楷書書家、大量楷書書跡、浩繁的楷書書
論三方面得到印證。

〔註1〕馬宗霍，《書林藻鑑》，卷八，頁111，世界書局，《近人書學論著》（臺北，1973）
　　　　第二種。
〔註2〕陳思，《書苑菁華》，卷十九，頁724。
〔註3〕盧中南，《楷書研究》，頁18。

第一節　眾多楷書書家

馬宗霍《書林藻鑑》云：

> 唐代書家之盛，不減於晉；固由接武六朝，家傳世襲，自易為工。而考之於史，唐之國學凡六，其五曰「書學」；置書學博士，學書日紙一幅，是以書為教也。又唐銓選擇人之法有四，其三曰「書」，楷法遒美者為中程，是以書取士也。……宜乎終唐之世，書家輩出矣。〔註4〕

根據梁披雲主編《中國書法大辭典》中所列舉，唐代書法家從歐陽詢至董護，共有1253位，扣除其中重複者賈膺福、盧曉、戴千齡、張少悌、薛希昌與靈迅六人，並將「孟崙二童」作二人計，實際有1248人。〔註5〕而在唐代，既然「真、行二體，乃朝野通行之書」；〔註6〕因此，我們有理由相信：唐代這1248位書法家應當都具備深厚的楷書功力，只是，其中有部份人不以楷書名家而已。例如——

一、李慈。歐陽修〈唐西嶽大洞張尊師碑〉云：

> （李）慈之書，體兼虞褚而遒麗可喜；然不知為何人。以其書，當時未必不見稱於世；蓋唐人善書者多，遂不得獨擅。既又無他可稱，遂至泯然於後世。〔註7〕

二、武盡禮。歐陽修〈唐武盡禮寧照寺鐘銘〉云：

> 武盡禮筆法精勁，當時宜自名家；而唐人未有稱之見於文字者。豈其工書如盡禮者，往往皆是，特今人罕及爾。〔註8〕

三、孫過庭，以善草書知名，而張懷瓘《書斷》既列之於草書能品，復列於隸書（即今所謂之「楷書」）能品；〔註9〕於評傳中則謂其「真、行之書，亞於草矣」。〔註10〕

〔註4〕馬宗霍，《書林藻鑑》，卷八，頁110上。

〔註5〕梁披雲主編，《中國書法大辭典》，上冊，總目錄頁9～13。

〔註6〕馬宗霍《書林藻鑑》唐代緒論云：「真、行二體，乃朝野通行之書，歐、虞、褚、顏、柳諸大家，足以立宗開派，轉移風尚者，固無論矣。至如歐陽通之承率更，克紹家風；陸柬之之效永興，聲高舅氏；薛稷學褚不失節；蕭誠變薛以立名；張氏四龍，從申少對；徐家三葉，浩尤多功；殷（仲容）、王（知敬）兼擅於牓題；蘇（靈芝）、胡（霈然）齊譽於臨倣；雖所詣有高下，並一世之傑也。」見：馬宗霍，《書林藻鑑》，卷八，頁112上。

〔註7〕歐陽修，《歐陽修全集》，卷六，〈集古錄跋尾〉，頁19。

〔註8〕歐陽修，《集古錄跋尾》，《歐陽修全集》（臺北：河洛圖書出版社，1975），卷六，頁15。

〔註9〕張彥遠，《法書要錄》，卷八，頁220。

〔註10〕張彥遠《法書要錄》，卷九，頁258。

四、宋令文，張懷瓘《書斷》僅列之於草書能品，〔註11〕而於評傳中則謂宋「於書備兼諸體」。〔註12〕

五、王維，以詩、畫著稱於世，而《新唐書》謂其「工草、隸」。〔註13〕

六、杜甫，以詩名世，其〈壯遊〉詩自謂「九齡書大字，有作成一囊」。〔註14〕而《書史會要》謂甫「於楷、隸、行，無不工者」。〔註15〕

餘如：李陽冰擅小篆，韓擇木、史惟則擅八分，李邕擅長行書，懷素擅長草書，甚至閻立本擅人物畫，李思訓、顧況擅山水畫，韓滉擅畫牛……。

上舉諸人，他們的楷書亦皆有足觀之處；惟不如歐陽詢、虞世南、褚遂良、歐陽通、薛稷、張旭、李邕、徐浩、顏真卿以及柳公權等人之精妙而已。歐陽修〈唐安公美政頌〉云：

> 蓋唐之武夫悍將暨楷書手輩，字皆可愛。〔註16〕

黃庭堅〈題絳本法帖〉亦云：

> 觀唐人斷紙餘墨，皆有妙處，故知翰墨之勝，不獨在歐、虞、褚、薛也。〔註17〕

唐代善楷書者多，故名家輩出。葉昌熾云：

> 唐初之歐、虞、褚、薛，各擅勝場，難可軒輊。王知敬雖未能方駕，然其所書〈衛景武公碑〉及〈金剛經〉，皆為世所膾炙。開元以後，李北海、顏平原、徐季海父子、柳誠懸昆季，……皆書林中百世師也。〔註18〕

以下僅取兩《唐書》有本傳，且有重要書跡傳世之楷書名家歐陽詢等十人，根據張懷瓘《書斷》、竇臮《述書賦》、李嗣真《書後品》、呂總《續書評》、佚名〈唐人書品〉、《宣和書譜》、朱長文《續書斷》、鄭杓《衍極》、陶宗儀《書史會要》、劉熙載《藝概》、康有為《廣藝舟雙楫》、馬宗霍《書林藻鑑》……等唐代以來之書學論著，略述其生平事蹟及書法成就。

〔註11〕張彥遠，《法書要錄》，卷八，頁220。
〔註12〕張彥遠，《法書要錄》，卷八，頁257。
〔註13〕歐陽修，《新唐書》（臺北：鼎文書局，1981），卷二百二，頁5765。
〔註14〕楊倫，《杜詩鏡銓》，卷十四，頁996。
〔註15〕陶宗儀、朱謀垔撰，徐美潔點校，《書史會要／續書史會要》（杭州，浙江人民美術出版社，2012），《書史會要》卷五，頁97。
〔註16〕歐陽修，《歐陽修全集》，卷六，〈集古錄跋尾〉，頁21。
〔註17〕黃庭堅，《山谷題跋》，卷四，楊家駱主編，《宋人題跋》（臺北：世界書局，1992），上冊，頁220。
〔註18〕葉昌熾，《語石》，卷七，頁229～230。

一、歐陽詢

歐陽詢（557～641），字信本，潭州臨湘（今湖南長沙）人。陳大司空頠之孫。父紇，陳廣州刺史，以謀反誅；詢當從坐，匿而免。尙書令江總與紇有舊，私養之，教以書記。詢貌甚寢陋而穎悟過人，每讀書，輒數行俱下，遂博貫經史。仕隋，爲太常博士。唐高祖微時，數與游；及即位，累擢給事中。武德七年，詔與裴矩、陳叔達撰《藝文類聚》一百卷，奏之，賜帛二百段。貞觀初，官至銀青光祿大夫、太子率更令、弘文館學士，封渤海男。〔註19〕

歐陽詢傳世書跡有：〈皇甫誕碑〉、〈化度寺邕禪師塔銘〉、〈九成宮醴泉銘〉、〈虞恭公溫彥博碑〉、〈房彥謙碑〉、〈九歌碑〉、〈史事帖〉、〈張翰帖〉、〈卜商帖〉、〈夢奠帖〉、〈千字文碑〉、〈開通元寶錢文〉等。書論有〈付善奴傳授訣〉、〈用筆法〉。至於〈八訣〉、〈歐書三十六法〉，乃後世僞託。

歐陽詢書，竇臮《述書賦・下》以爲出自北齊三公劉珉，云：

　　出自三公，一家面首，歐陽在焉。〔註20〕

而劉珉書則師法王羲之。竇臮《述書賦・下》云：

　　蕭條北齊，浩汗仲寶。劣克凡正，備法緊草。退師右軍，**欿**爾綵道。

　　究千變而得一，乘薄俗而居老。如海岳高深，青分孤島。〔註21〕

故詢書實亦遠承王羲之。後乃漸變其體，筆力險勁，爲一時之絕。李嗣眞〈書品後〉云：

　　歐陽草書，難與競爽，如旱蛟得水，蟇兔走穴，筆勢恨少。至於鐫

　　勒及飛白諸勢，如武庫矛戟，雄劍欲飛。〔註22〕

〈唐人書評〉云：

　　歐陽詢書，若草裏蛇驚，雲間電發。又如金剛瞋目，力士揮拳。〔註23〕

豐坊《書訣・唐人法帖》則云：

　　歐陽詢……楷書原於右軍，而剛勁遒逸，八法全備。〔註24〕

〔註19〕本段所敍歐陽詢生平事略，兼採新、舊《唐書》之〈儒學傳〉，見：劉昫，《舊唐書》，卷一百八十九上，頁4947；歐陽修，《新唐書》，卷一百九十八上，頁5645。惟新、舊《唐書》本傳皆未詳其生卒年，張懷瓘《書斷》卷中，謂詢「以貞觀十五年卒，年八十五」；茲據以推算。

〔註20〕張彥遠，《法書要錄》，卷六，頁172。

〔註21〕張彥遠，《法書要錄》，卷六，頁168。

〔註22〕張彥遠，《法書要錄》，卷三，頁87～88。其中，「至於」原作「善於」，「蟇兔」原作「饒兔」，依《墨池編》改，見：朱長文，《墨池編》，卷二，頁285。

〔註23〕陳思，《書苑菁華》，卷五，頁193。

項穆《書法雅言‧正奇》亦云：

> 歐陽信本亦擬右軍，易方爲長，險勁瘦硬，崛起削成。若觀行、草，
> 復太猛峭矣。〔註25〕

歐陽詢兼善大、小篆、八分、楷書、章草、行書、飛白、草書八體。張懷瓘《書斷‧中》云：

> 皇朝歐陽詢……八體盡能，筆力勁險。篆體尤精，……飛白冠絕，
> 峻於古人。有龍蛇戰鬥之象，雲霧輕濃之勢。風懸雷激，操舉若神。
> 眞、行之書雖於大令，亦別成一體。森森焉若武庫矛戟，風神嚴於
> 智永，潤色寡於虞世南。其草書迭蕩流通，視之二王，可爲動色。
> 然驚奇跳駿，不避危險，傷於清雅之致。……飛白、隸、行、草入
> 妙，大、小篆、章草入能。〔註26〕

後世評書者每將歐陽詢與時代相彷彿的虞世南相比較。張懷瓘《書斷‧中》云：

> 然歐之與虞，可謂智均力敵，……。論其眾體，則虞所不逮。歐若
> 猛將深入，時或不利；虞若行人妙選，罕有失辭。虞則內含剛柔，
> 歐則外露筋骨。君子藏器，以虞爲優。〔註27〕

對於在歐、虞之間論高下，亦有不以爲然者。吳德旋《初月樓論書隨筆》云：

> 昔人評歐陽率更書，如「金剛努目，大士揮拳」；虞永興「能中更能，
> 妙中更妙」。二家之書，余實未敢定其優劣。涿鹿馮銓謂「虞則內含
> 剛柔，歐則外露筋骨。君子藏器，以虞爲優」，此言非也。歐亦剛柔
> 內含。學歐而不得其筆，乃有露骨之病；學虞而不得其筆，又豈無
> 肉重之失耶？〔註28〕

或以爲歐、虞二家之書法，皆體現君子之道。劉熙載《藝概‧書概》云：

> 唐歐、虞兩家書各占一體。……歐、虞並稱，其書方圓剛柔，交相
> 爲用。善學虞者，「和而不流」；善學歐者，「威而不猛」。〔註29〕

〔註24〕世界書局，《明人書學論著》（臺北，1973）第三種，頁47。
〔註25〕世界書局，《明人書學論著》第五種，頁37。
〔註26〕張彥遠，《法書要錄》，卷八，頁241～242。
〔註27〕張彥遠，《法書要錄》，卷八，頁243。
〔註28〕世界書局，《明人書學論著》第十二種，頁10。按：所謂「虞則內含剛柔」云
　　　云，乃張懷瓘之言。
〔註29〕劉熙載，《藝概》，卷五，頁155。按：《論語‧子路篇》載：「子曰：『君子和
　　　而不同，小人同而不和。』」又同書〈述而篇〉載：「子溫而厲，威而不猛，

蘇軾〈書唐氏六家書後〉云：

> 歐陽率更書妍緊拔群，尤工於小楷。高麗遣使購其書，高祖歎曰：「彼
> 觀其書，以爲魁梧奇偉人也。」此非知書者。凡書象其爲人，率更
> 貌寒寢，敏悟絕人；今觀其書，勁險刻厲，正稱其貌耳。〔註30〕

今人則或從人格特質之差異來解釋歐、虞在楷書方面的不同表現。林熊祥《書
學原論》云：

> 信本、伯施同爲書法而興俊傑，同時揚棄六朝及隋之浮華狂怪，同
> 時創闢眞書之新境界。……惟伯施則道秀虛和，信本則險勁俊偉，
> 是則藝術家固有個性之表現。〔註31〕

惟林氏亦承認歐陽詢在行書方面的成就確有不如虞世南者。林熊祥《書學原
論》云：

> 信本落筆峭勁，氣勢雄邁，所書眞書諸碑乃至隸書房彥謙、崇聖觀
> 等碑，眞能揚棄六朝而闢雅道，猶退之之文起八代。惟行書則雖峻
> 厲沉著，新意自多，沿襲右軍之處尚留痕迹，而氣象局促。持視伯
> 施變化無方，差有間矣。〔註32〕

二、虞世南

　　虞世南（558～639），字伯施，越州餘姚（今浙江）人。祖檢，梁始興王
諮議；父荔，陳太子中庶子，俱有重名。世南性沉靜寡欲，篤志勤學，少與
兄世基受業於吳郡顧野王，經十餘年。善屬文，常祖述徐陵。又同郡沙門智
永善王羲之書，世南師焉，妙得其體。

　　歷仕陳、隋；隋滅，從宇文化及至聊城，爲竇建德所獲，署黃門侍郎。
秦王滅建德，引爲府參軍。轉記室，遷太子中舍人。及唐太宗即位，轉著作
郎，兼弘文館學士，除祕書少監。貞觀七年，轉祕書監，賜爵永興縣子。八

　　　恭而安。」見：何晏注、邢昺疏，《論語注疏》（臺北：藝文印書館，1976），
　　　卷十三，頁119；卷七，頁65。《十三經注疏》第八冊。

〔註30〕蘇軾，《東坡題跋》，卷四，世界書局，《宋人題跋》，上冊，頁128。此跋所論，
　　　除唐代歐陽詢、褚遂良、張旭、顏眞卿與柳公權之外，尚有陳僧智永；而題
　　　曰「唐氏六家」，實有未當。另，智永一段中「亦非禪宗書也」，據上下文意，
　　　「禪宗」宜改作「禪師」。

〔註31〕林熊祥，《書學原論》（臺北：青文出版社，1973），頁68。

〔註32〕林熊祥，《書學原論》，頁36。

年，進封縣公。太宗嘗稱世南有五絕：一曰德行，二曰忠直，三曰博學，四曰文辭，五曰書翰。

貞觀十二年致仕，仍授銀青光祿大夫、弘文館學士，祿賜、防閤並同京官職事。翌年五月卒，賜東園祕器，詔陪葬昭陵，贈禮部尙書，諡曰文懿。〔註33〕

虞世南傳世書跡有：〈孔子廟堂碑〉、〈破邪論〉、〈昭仁寺碑〉及行書〈積年帖〉、〈借乳鉢帖〉、〈枕臥帖〉、〈蔬會帖〉、〈翰墨帖〉、〈汝南公主墓誌銘藁〉、草書〈論道帖〉、〈關內帖〉、〈前書帖〉、〈臨張芝平復帖〉等。

虞世南書法，自唐世以來備受好評。如：李嗣眞〈書品後〉云：

> 虞世南蕭散灑落，眞、草惟命。如羅綺嬌春，鵷鴻戲沼。〔註34〕

竇臮《述書賦・下》云：

> 永興超出，下筆如神。不落疏慢，無慙世珍。然則壯文幾而老成，
> 與貞白而德鄰，如層臺緩步，高謝風塵。〔註35〕

張懷瓘《書斷・中》云：

> 虞世南……其書得大令之宏規，含五方之正色。姿榮秀出，智勇存
> 焉。秀嶺危峰，處處間起。行草之際，尤所偏工。及其暮齒，加以
> 道逸，臭味羊、薄，不亦宜乎。是則東南之美，會稽之竹箭也。〔註36〕

〈唐人書評〉云：

> 虞世南書，體段遒媚，舉止不凡，能中更能，妙中更妙。〔註37〕

唐・徐浩〈論書〉云：

> 近古蕭、永、歐、虞，頗傳筆勢；褚、薛以降，自鄶不譏矣。然人
> 謂虞得其筋，褚得其肉，歐得其骨，當矣。夫鷹隼乏彩，而翰飛戾
> 天，骨勁而氣猛也。翬翟備色，而翺翔百步，肉豐而力沉也。若藻
> 曜而高翔，書之鳳凰矣。歐虞爲鷹隼，褚薛爲翬翟焉。〔註38〕

〔註33〕 本文所敍虞世南生平事略，兼採新、舊《唐書》之〈虞世南傳〉，見：劉昫，
《舊唐書》，卷七十二，頁 2565～2571；歐陽修，《新唐書》，卷一百二，頁
3969～3973。其中關於虞世南之「五絕」，張懷瓘《書斷・上》云：「一曰忠
讜，二曰友悌，三曰博文，四曰詞藻，五曰書翰。」見：張彥遠，《法書要錄》，
卷八，頁 242。
〔註34〕 張彥遠，《法書要錄》，卷三，頁 88。
〔註35〕 張彥遠，《法書要錄》，卷六，頁 172。
〔註36〕 張彥遠，《法書要錄》，卷八，頁 242。
〔註37〕 陳思，《書苑菁華》，卷五，頁 193。
〔註38〕 張彥遠，《法書要錄》，卷三，頁 95。

或謂虞世南書「內涵筋骨」而有「篆之玉筯意」。劉熙載《藝概・書概》云：

> 虞永興書出於智永，故不外耀鋒芒而內涵筋骨。徐季海謂歐、虞爲
> 「鷹隼」。歐之爲鷹隼易知，虞之爲鷹隼難知也。……論唐人書者，
> 別歐、褚爲北派，虞爲南派。謂北派本隸，欲以此尊歐、褚也。然
> 虞正自有篆之玉筯意，特主張北書者不肯道耳。〔註39〕

或謂：

> 其書筆質圓融道麗，外柔內剛。尤精神內守，以韻取勝。〔註40〕

三、褚遂良

褚遂良（596～658），字登善，杭州錢塘（今浙江省杭州）人，其先祖自河南陽翟徙居焉。祖玠，有名梁、陳間。父亮，貞觀中官至散騎常侍。

隋大業末，遂良隨父在隴右，薛舉僭號，署爲通事舍人；舉敗，歸唐，授秦王府鎧曹參軍。歷祕書郎、起居郎、諫議大夫、兼知起居事、太子賓客、黃門侍郎、銀青光祿大夫、檢校大理卿，貞觀二十二年，拜中書令。前後諫奏及陳便宜書數十上，多見採納。高宗即位，賜爵河南縣公，永徽元年，進封郡公。尋坐事出爲同州刺史。三年，徵拜吏部尚書，同中書門下三品，監修國史，加光祿大夫，又兼太子賓客。四年，爲尚書僕射，知政事。六年，以極諫立昭儀武氏，左遷潭州都督。顯慶二年，轉桂州都督，又貶愛州刺史。四年，卒。〔註41〕

傳世書跡有：〈伊闕佛龕碑〉、〈孟法師碑〉、〈雁塔聖教序〉、〈同州聖教序〉、〈房玄齡碑〉、〈隨清娛墓誌〉、〈倪寬贊〉、〈賜官帖〉、〈陰符經〉、〈靈寶度人經〉、〈千字文〉、行書〈枯樹賦〉、〈帝京篇〉、〈文皇哀冊〉、〈千字文〉、〈臨王羲之聖教序〉等。

遂良博涉文史，尤工楷書。太宗嘗歎曰：「虞世南死，無與論書者！」魏徵曰：「褚遂良下筆遒勁，甚得逸少體。」即日詔令侍書。太宗嘗出御府金帛購求王羲之書迹，天下爭獻，當時莫能辯其眞僞。遂良備論所出，一

〔註39〕劉熙載，《藝概》，卷五，頁 154。

〔註40〕李伍強、李國強編，《唐人小楷精選》（南昌：江西美術出版社，2012），頁 6。

〔註41〕新、舊《唐書》本傳皆謂褚遂良卒於顯慶三年，年六十三；見：劉昫，《舊唐書》，卷八十，頁 2739；歐陽修，《新唐書》，卷一百五，頁 4029。惟張懷瓘《書斷》則謂：「顯慶四年卒，年六十四。」見：張彥遠，《法書要錄》，卷八，頁 243。張懷瓘以唐朝人說唐人事，宜較可信。

無舛誤。〔註42〕

　　褚遂良楷書多帶有隸書筆意。蘇軾〈書唐氏六家書後〉云：

　　　　褚河南書，清遠蕭散，微雜隸體。〔註43〕

　　褚遂良書法，在當世已多受崇尚；如：〈唐人書評〉云：

　　　　褚遂良書，字裏金生，行間玉潤，法則溫雅，美麗多方。〔註44〕

唐時學褚書者眾。劉熙載《藝概・書概》云：

　　　　褚河南書爲唐之廣大教化主，顏平原得其筋，徐季海之流得其肉。

　　　　而季海不自謂學褚未盡，轉以「翟翬」爲譏，何誖也？〔註45〕

惟唐人或後世皆有少之者。如：李嗣眞〈書品後〉云：

　　　　褚氏臨寫右軍，亦爲高足。豐豔雕刻，盛爲當今所尚；但恨乏自然，

　　　　功勤精悉耳。〔註46〕

又如：竇臮《述書賦・下》云：

　　　　河南專精，克儉克勤。伏膺〈告誓〉，銳思猗文。恐無成於畫虎，將有

　　　　類於效嚬。雖價重衣冠，名高海內。澆漓後學，而得無罪乎？〔註47〕

又如：鄭杓《衍極》云：

　　　　登善少開闔之勢。〔註48〕

然唐人亦有盛讚褚氏書法者。如：張懷瓘《書斷・中》云：

　　　　褚遂良……博學通識，有王佐之材，忠讜之臣也。〔註49〕善書，少

　　　　則服膺虞監，長則祖述右軍，眞書甚得其媚趣。若瑤臺青瑣，宙映

〔註42〕本段所敘褚遂良生平事略，兼採新、舊《唐書》之〈褚遂良傳〉，見：劉昫，
　　　　《舊唐書》，卷八十，頁 2729～2739；歐陽修，《新唐書》，卷一百五，頁 4024
　　　　～4030。

〔註43〕蘇軾，《東坡題跋》，卷四，《宋人題跋》，上冊，頁 128。

〔註44〕陳思，《書苑菁華》，卷五，頁 193。

〔註45〕劉熙載，《藝概》，卷五，頁 155。

〔註46〕張彥遠，《法書要錄》，卷三，頁 88。

〔註47〕張彥遠，《法書要錄》，卷六，頁 172～173。

〔註48〕鄭杓，《衍極》，卷四，《宋元人書學論著》（臺北：世界書局，1972）第八種。
　　　　鄭杓諸本作「杓」，據鄭氏於福州烏山上之題名，當作「杓」；且鄭氏字「子
　　　　經」，與「杓」正相發明。參見：黃榮春主編，《福州十邑摩崖石刻》（福州：
　　　　福建美術出版社，2008），頁 18。

〔註49〕蘇軾云：「古之論書者兼論其平生，苟非其人，雖工不貴也。河南固忠臣，但
　　　　有譖殺劉洎事，使人怏怏。然余嘗考其實，恐劉洎末年偏忿，實有伊、霍之
　　　　語，非譖也。若不然，馬周明其無此語，太宗獨誅洎而不問周，何哉？此殆
　　　　天后朝許、李所誣，而史官不能辨也。」見：蘇軾，《東坡題跋》，卷四，《宋
　　　　人題跋》，上冊，頁 128。

春林；美人嬋娟，不任羅綺。增華綽約，歐、虞謝之。其行、草之
間，即居二公之後。〔註50〕

劉熙載《藝概‧書概》云：

歐、褚兩家並出分隸，於「道逸」二字各得所近。若借古書評評之，
歐其如「龍威虎震」，褚其如「鶴遊鴻戲」乎！〔註51〕

四、歐陽通

　　歐陽通（-691），字通師，詢之子。儀鳳中，累遷中書舍人。丁母憂，居
喪過禮。起復本官，每入朝，必徒跣至皇城門外。直宿在省，則席地藉藁。
非公事不言。歸家必衣衰絰，號痛無恆。自武德已來，起復後而能哀感合禮
者，無與通比。五遷，垂拱中至殿中監，賜爵渤海子。天授元年，封夏官尚
書。二年，轉司禮卿，判納言事。輔政月餘，會鳳閣舍人張嘉福等請立武承
嗣為皇太子，通與岑長倩固執以為不可，遂忤諸武意，為來俊臣所陷，被誅。
神龍初，追復官爵。

　　通蚤孤，母徐氏教其父書。嘗遣錢使市父遺迹，通慕名甚銳，晝夜精力
無遺，遂亞於詢，父子齊名，號「大小歐陽體」。通晚自矜重，以象牙犀角為
筆管，狸毛為心，覆秋兔豪，松煙為墨，末以麝香，紙必堅緊薄白猾者，乃
書之。〔註52〕

　　歐陽通傳世書跡有：〈道因法師碑〉、〈泉男生墓誌〉、〈節陳高祖本紀〉、〈千
字文〉等。

　　歐陽通的楷書師法其父歐陽詢，亦能繼美。張懷瓘《書斷‧中》云：

通亦善書，瘦怯於父。〔註53〕

則言其字畫較細瘦，筆力較怯弱。竇臮《述書賦‧下》云：

〔註50〕張彥遠，《法書要錄》，卷八，頁243。

〔註51〕劉熙載，《藝概》，卷五，頁155。按：袁昂〈古今書評〉云：「韋誕書，如龍
　　　　威虎震，劍拔弩張。」此「龍威虎震」之出處。又：「臣謂鍾繇書意氣密麗，
　　　　若飛鴻戲海，舞鶴游天。」此「鶴遊鴻戲」之所本。見：張彥遠，《法書要錄》，
　　　　卷二，頁59、61。

〔註52〕本段所敘歐陽通生平事略，兼採新、舊《唐書》之〈儒學傳〉與《墨池編》
　　　　本《書斷》，見：劉昫，《舊唐書》，卷一百八十九，頁4947～4948；歐陽修，
　　　　《新唐書》，卷一百九十八，頁5646；朱長文，《墨池編》。卷三，頁385。惟
　　　　通「字通師」則據馬宗霍，前引書，卷八，頁121。

〔註53〕張彥遠，《法書要錄》，卷八，頁242。

　　隨運變化，爲龍爲光。〔註54〕

則言其能變化父風。蓋唐初楷書融合南朝書法，而以南朝之圓筆爲主調，歐
陽詢、虞世南皆然；歐陽通雖繼承家學，卻返祖北朝，參入隸法，而多帶方
筆。何焯《義門題跋》云：

　　蘭臺書此碑，肩吻太露，橫畫往往當收處反飛，蓋唐碑而參北朝字
　　體者。亦用其父分書〈徐州都督房彥謙碑〉法也。然無一筆不鋒在
　　畫中。〔註55〕

劉熙載《藝概・書概》則云：

　　大小歐陽書並出分隸，觀蘭臺〈道因碑〉有批法，則顯然學隸矣。
　　或疑蘭臺學隸，何不盡化其跡？然初唐猶參隋法，不當以此律之。
　　〔註56〕

而正由於參入隸法，多帶方筆，歐陽通的楷書乃呈現出不同於其父之風貌。
董逌《廣川書跋》云：

　　通筆力勁險，盡得家風；但微傷豐濃，故有愧其父。至於驚奇跳駿，
　　不避危險，則殆無異也。〔註57〕

五、薛稷

　　薛稷（649～713），字嗣通，蒲州汾陰（今山西萬榮西南）人，隋內史侍
郎薛道衡曾孫，魏徵外孫。武則天時擢進士第，累遷禮部郎中、中書舍人，
以辭章知名。景龍末，爲諫議大夫、昭文館學士。好古博雅，尤工楷書。初，
貞觀、永徽間，虞世南、褚遂良以書顯家，後莫能繼。稷外祖魏徵家多藏虞、
褚書，故銳精臨倣，結體遒麗，遂以書名天下。又工畫，兼善人物、佛像、
鳥獸、樹石，尤以畫鶴著稱，時爲絕品。

　　睿宗踐祚，遷太常少卿，封晉國公，實封三百戶。遷黃門侍郎，參知政
務。與崔日用數爭事帝前，罷爲左散騎常侍。歷工部、禮部尚書，除太子少
保。開元元年，受太平公主、竇懷貞謀反案牽連，稷以知其謀，賜死萬年獄

〔註54〕竇泉，《述書賦》，卷下，唐・張彥遠，《法書要錄》，卷六，頁172。
〔註55〕何焯，《義門題跋・內府本小歐道因碑》，見：崔爾平，《歷代書法論文選續編》，
　　　　頁430。
〔註56〕劉熙載，《藝概》，卷五，頁155。
〔註57〕董逌，《廣川書跋・歐陽通別帖》，見：崔爾平，《歷代書法論文選續編》，頁
　　　　123。

中。〔註58〕

　　薛稷善楷書。後人以其與歐陽詢、虞世南、褚遂良並稱唐初四大書家。傳世書跡有：「慧普寺」三字，及〈昇仙太子碑碑陰題名〉、〈信行禪師碑〉等。

　　薛稷書學歐陽詢、虞世南、褚遂良、陸柬之，而於褚爲近。董逌《廣川書跋》云：

　　　　薛稷於書，得歐、虞、褚、陸遺墨至備，故於法可據；然其師承血
　　　　脈，則於褚爲近。至於用筆纖瘦，結字疏通，又自別爲一家。〔註59〕

或謂薛善於學褚，張懷瓘《書斷・下》云：

　　　　薛稷，河東人，官至太子少保。書學褚公，尤尚綺麗；媚好膚肉，
　　　　得師之半，可謂河南公之高足，甚爲時所珍尚。〔註60〕

或謂薛書精華倍褚，竇臮云：

　　　　少保師褚，菁華卻倍。〔註61〕

或謂薛稷能於褚書翻出新意，〈唐人書評〉云：

　　　　薛稷書多攻褚體，亦有新奇。〔註62〕

呂總〈續書評〉云：

　　　　薛稷書，風驚苑花，雪惹山柏。〔註63〕

六、張旭

　　張旭（675〜759），字伯高，蘇州吳（今江蘇省吳縣）人。與李白、賀知章相善。官至左率府長史。

　　爲人倜儻閎達，所與游者，皆一時豪傑。李白詩云：「楚人盡道張旭奇，心藏風雲世莫知。三吳郡伯皆顧盼，四海雄俠爭追隨。」

　　旭眞書精嚴，尤工草書。喜酒，每醉後，號呼狂走，索筆揮灑。或以頭濡墨而書，變化無窮。既醒視之，自以爲神，不可復得也，世呼「張顚」。

〔註58〕本段所敘薛稷生平事略，兼採新、舊《唐書》之〈薛稷傳〉，見：《舊唐書》，
　　　　卷七十三，頁2592〜2592；歐陽修，《新唐書》，卷九十八，頁3893〜3894。
　　　　其中，薛稷之卒年則據《舊唐書・竇懷貞傳》竇氏卒於先天二年而知。見：
　　　　劉昫，《舊唐書》，卷一百八十三，頁4725。
〔註59〕董逌，《廣川書跋・薛稷雜碑》，見：崔爾平，《歷代書法論文選續編》，頁118。
〔註60〕張彥遠，《法書要錄》，卷九，頁259。
〔註61〕竇臮，《述書賦》，卷下，張彥遠，《法書要錄》，卷六，頁176。
〔註62〕陳思，《書苑菁華》，卷五，頁193。
〔註63〕陳思，《書苑菁華》，卷五，頁195。

　　初，仕至常熟尉，有老人陳牒求判，宿昔又來。旭怒其煩，責之。老人曰：「觀公筆奇妙，欲以藏家爾。」旭因問所藏，盡出其父書，旭視之，天下奇筆也，自是盡其法。旭自言：始見公主擔夫爭道，又聞鼓吹，而得筆法。及觀公孫大娘舞劍器，然後得其神，於是筆跡大進。後人論書，歐、虞、褚、陸，或有異詞；至旭，無非短者。傳其法，惟崔邈、顏眞卿云。唐文宗時，詔以李白歌詩、裴旻舞劍、張旭草書爲三絕。〔註64〕

　　傳世書跡有：〈郎官石廳序〉、〈嚴仁墓誌銘〉、〈自言帖〉、〈千字文斷簡〉、〈肚痛帖〉、〈春草帖〉、〈乾元帖〉、〈酒德頌〉、〈率意帖〉、〈蘭馨帖〉、〈宛陵帖〉、〈心經〉、〈奇怪書〉、〈醉墨帖〉、〈孔君帖〉、〈皇甫帖〉、〈大弟帖〉、〈諸金帖〉、〈久不得書帖〉、〈德信帖〉、〈定行帖〉、〈自覺帖〉、〈平安帖〉、〈承告帖〉、〈洛陽帖〉、〈永嘉帖〉、〈清鑑帖〉、〈縑素帖〉、〈華陽帖〉、〈大草帖〉、〈秋深帖〉、〈長安帖〉、〈草書古詩四帖〉等。

　　杜甫〈觀公孫大娘弟子舞劍器行并序〉云：

　　　　昔吳人張旭，善草書書帖，數常於鄴縣，見公孫大娘舞西河劍器，自此草書長進，豪蕩感激。〔註65〕

　　韓愈〈送高閑上人序〉云：

　　　　往昔張旭善草書，不治他伎。喜怒窘窮、憂悲愉佚、怨恨思慕、酣醉無聊，不平有動於心，必於草書焉發之。觀於物，見山水崖谷、鳥獸蟲魚、草木之華實、日月列星、風雨水火、雷霆霹靂、歌舞戰鬥，天地事物之變，可喜可愕，一寓於書。故旭之書，變動猶鬼神，不可端倪，以此終其身而名後世。〔註66〕

　　竇臮〈述書賦〉云：

　　　　張長史則酒酣不覊，逸軌神澄。回眸而壁無全粉，揮筆而氣有餘興。若遺能於學知，遂獨荷其顛稱。雖宜官售酒，子敬運帚，邈想遍觀，莫能假手。拘素屏及黃卷，則多勝而寡負。猶莊周之寓言，於從政乎何有。〔註67〕

〔註64〕本段所敘張旭生平事略，兼採《舊唐書・文苑傳》、《新唐書・文藝傳》，與朱長文《續書斷》。見：劉昫，《舊唐書》，卷一百九十，頁5034；歐陽修，《新唐書》，卷二百二，頁5764；朱長文，《墨池編》，卷九，頁278～279。

〔註65〕楊倫，《杜詩鏡銓》，卷十八，頁1227。

〔註66〕董浩等編，《全唐文》（上海：上海古籍出版社，2007），卷五百五十五，頁2490。

〔註67〕張彥遠，《法書要錄》，卷六，頁174。

蘇軾〈書唐氏六家書後〉云：

> 張長史草書頹然天放，略有點畫處而意態自足，號稱「神逸」。今世稱善草書者，或不能眞、行，此大妄也。……今長安猶有長史眞書〈郎官石柱記〉，作字簡遠，如晉、宋間人。〔註68〕

黃庭堅〈跋張長史千字文〉云：

> 張長史智雍廳壁記，楷法妙天下，故作草草如。寺僧懷素草工瘦，而長史工肥。瘦硬易作，而肥勁難得也。〔註69〕

曾鞏〈尚書省郎官石記序〉

> 〈尚書省郎官石記序〉，陳九言撰，張顛書。記自開元二十九年郎官石名氏爲此序。張顛草書見於世者，其縱放可怪，近世未有；而此序獨楷字精勁嚴重，出於自然，如動容周旋中禮，非強爲者。書一藝耳，至於極者乃能如此。其楷字蓋罕見於世，則此序尤爲可貴也。
> 〔註70〕

《宣和書譜》云：

> 張旭……其名本以顛草，而至於小楷、行書，又復不減草字之妙。其草字雖奇怪百出，而求其源流，無一點畫不該規矩者。〔註71〕

鄭杓《衍極》云：

> 張旭天分極深，渾然無迹。〔註72〕

又云：

> 〈郎官廳壁序〉、〈祭豪州文〉、末年〈誥身〉，同出一轍。所謂不約於法而允蹈焉者，一埽歐虞褚薛之疲茶。〔註73〕

劉有定云：

> 〈郎官廳壁序〉朝散大夫行右司員外郎陳九言撰，吳郡張旭書。在長安唐尚書省郎官廳。開元二十九年十月戊寅建。〔註74〕

〔註68〕蘇軾，《東坡題跋》，卷四，世界書局，《宋人題跋》，上冊，頁128。
〔註69〕黃庭堅，《山谷題跋》，卷四，《宋人題跋》，上冊，頁222。
〔註70〕曾鞏，《元豐題跋》，卷一，《宋人題跋》，上冊，頁5。
〔註71〕《宣和書譜》，卷十八，孫過庭等，《唐人書學論著、宣和書譜》，頁654～655。
〔註72〕鄭杓，《衍極》，卷一，收於：《宋元人書學論著》第八種。
〔註73〕鄭杓，《衍極》，卷二，收於：《宋元人書學論著》第八種。
〔註74〕鄭杓，《衍極》，卷二，「〈郎官廳壁序〉、〈祭豪州文〉、末年〈誥身〉，同出一轍」釋，收於：《宋元人書學論著》第八種。

七、徐浩

　　徐浩（703～782），字季海，越州（今浙江紹興）人。擢明經，有文辭，工草、隸。縣魯山主簿薦爲集賢院校理，辟幽州張守珪幕府，改監察御史。歷河陽令，以善政稱。拜太子司議郎，遷金部員外郎，歷憲部郎中。安祿山反，出爲襄陽太守、本郡防禦使，賜以金紫之服。

　　肅宗立，以中書舍人充任集賢院學士、副知院事。時天下事殷，詔令多出浩手。浩遣辭贍速，而書法至精，帝喜之。又參太上皇誥冊，寵絕一時。授兼尙書右丞。進國子祭酒，爲李輔國譖，貶廬洲長史。

　　代宗復以中書舍人召，遷工部侍郎、會稽縣公，出爲嶺南節度使。詔拜吏部侍郎，與薛邕分典選。坐以妾弟冒選，貶明州別駕。

　　德宗初，召授彭王傅，進郡公。建中三年以疾卒，年八十，贈太子少師，諡曰定。初，浩以文雅稱；及授廣州，典選部，多積貨財；又嬖其妾侯莫陳氏，頗干政事，爲時所貶。〔註75〕

　　徐浩書得其父嶠之傳授，尤長於楷法。傳世書跡有：行楷〈朱巨川告身〉、隸書〈崇陽觀聖德感應頌〉、〈大證禪師碑〉、正書〈不空和尙碑〉、正書〈李峴妻獨孤峻墓誌〉、〈虢國公造像記〉、〈玄隱塔銘〉、〈寶林寺詩〉等。書學論著有〈書法論〉、〈古迹記〉等。

　　呂總〈續書評・眞行書二十二人〉云：

　　　　徐浩書，固多精熟，無有意趣。〔註76〕

　　歐陽修《新唐書・徐浩傳》載：

　　　　嘗書四十二幅屏，八體皆備，艸、隸尤工。世狀其法曰「怒猊抉石，
　　　　渴驥奔泉」云。〔註77〕

　　徐浩長子璹，自幼勤習書法，由其父徐浩親自傳授，擅長楷書與行書，於古書跡之鑑定，亦有過人之處。〔註78〕後傳筆法於韓方明。〔註79〕傳世

〔註75〕　本段所敍徐浩生平事略，兼採新、舊《唐書》之〈徐浩傳〉，見：劉昫，《舊唐書》，卷一百三十七，頁 3759～3760；歐陽修，《新唐書》，卷一百六十，頁 4965～4966。

〔註76〕　陳思，《書苑菁華》，卷五，頁 195。

〔註77〕　歐陽修，《新唐書》，卷一百六十，頁 4966。

〔註78〕　徐浩〈古迹記〉云：「臣長男璹，臣自教授，幼勤學書，在於眞、行，頗知筆法，使定古迹，亦勝常人。」見：張彥遠，《法書要錄》，卷三，頁 101。

〔註79〕　韓方明〈授筆要說〉云：「昔歲學書，專求筆法。貞元十五年，授法於東海徐公璹。」見：陳思，《書苑菁華》，卷二十，頁 758。

書跡有正書〈滑州新井銘〉、〈說文字源序〉。

徐浩次子峴，亦善正書。〔註80〕

八、顏眞卿

顏眞卿（709～785），字清臣，琅邪臨沂（今山東省臨沂縣）人。北齊黃門侍郎顏之推五世孫，唐祕書監顏師古三世從孫。生於唐中宗景龍三年，卒於唐德宗貞元元年，享年七十七歲。

眞卿少孤，母殷氏躬加教導。既長，博學，工辭章，事親孝。開元中，舉進士，登甲科，調醴泉尉；四命爲監察御史，充河西隴右軍試覆屯交兵使，又充河東朔方試覆屯交兵使。遷殿中侍御史、東都畿採訪判官，轉侍御史、武部員外郎。楊國忠怒其不附己，出爲平原太守。

安祿山反，與從兄常山太守杲卿募兵抵抗；詔加眞卿戶部侍郎，佐李光弼討賊。肅宗幸靈武，授工部尚書，兼御史大夫，河北採訪招討使。至德二年四月，朝於鳳翔，授憲部尚書，尋加御史大夫。軍國之事，知無不言，爲宰相所忌，出爲同州刺史，轉蒲州刺史。復爲御史唐旻所構，貶饒州刺使。旋拜昇州刺史、浙江西道節度使，徵爲刑部侍郎。李輔國矯詔遷玄宗居西宮，眞卿乃首率百僚上表請問起居，輔國惡之，奏貶蓬州長史。

代宗立，起爲利州刺史，不拜，再遷戶部侍郎。除荊南節度史，未行，改尚書左丞。

帝自陝還，改檢校刑部尚書知省事，累進封魯郡公。後攝祭太廟，以祭器不修言於朝，元載坐以誹謗，貶硤州別駕、撫州湖州刺史。元載伏誅，拜刑部尚書。

德宗立，楊炎爲相，惡之，改太子少傅，禮儀使如舊，外示崇寵，實去其權。盧杞專權，忌之，改太子太師，罷禮儀使，會李希烈陷汝州，杞乃奏使眞卿宣諭，遂爲希烈所害。及淮、泗平、貞元元年，陳仙奇使護送眞卿喪歸京師，德宗痛悼異常，廢朝五日，諡曰文忠。

自南朝以來，眞卿之祖先多以草、隸、篆、楷爲當代所稱。眞卿克承家學，於古人書跡，多所致意；復從張旭得筆法，遂爲大成。善正、行書，筆力遒婉。〔註81〕傳世書跡有：〈多寶塔碑〉、〈郭虛己墓誌銘〉、〈郭氏家廟碑〉、

〔註80〕陳思《書小史》卷十云：「徐峴，璹之弟，善正書。」見：《宋元人書學論著》，第七種。

〔註81〕本段所敍顏眞卿生平事略，兼採新、舊《唐書》之〈顏眞卿傳〉，見：劉昫，

〈元結碑〉、〈李玄靖碑〉、〈東方朔畫像贊〉、〈臧懷恪碑〉、〈麻姑仙壇記〉、〈大唐中興頌〉、〈八關齋會報德記〉、〈顏勤禮碑〉、〈顏惟貞碑〉、〈顏氏家廟碑〉、〈干錄字書〉、〈自書告身〉〈宋璟碑〉、〈謁金天王神祠題記〉、以及行書〈爭座位帖〉、〈蔡明遠帖〉、〈祭姪文稿〉、〈祭伯父文稿〉、〈劉太冲帖〉、〈裴將軍詩〉、〈劉中使帖〉、〈中夏帖〉、〈乞米帖〉、〈乞脯帖〉、〈瑤臺帖〉、〈篆籀帖〉及〈祖關〉、〈逍遙樓〉、〈天中山〉等題字。

呂總〈續書評〉云：

> 顏真卿書，鋒絕劍摧，驚飛逸勢。〔註82〕

蘇軾〈書唐氏六家書後〉云：

> 顏魯公書，雄秀獨出，一變古法，如杜子美詩，格力天縱，奄有漢、魏、晉、宋以來風流；後之作者，殆難復措手。〔註83〕

朱長文《續書斷》云：

> 魯公可謂忠烈之臣也，……其發於筆翰，則剛毅雄特，體嚴法備，如忠臣義士，正色立朝，臨大節而不可奪也。〔註84〕

劉熙載《藝概‧書概》云：

> 顏魯公書，自魏、晉及唐初諸家皆歸驅括。東坡詩有「顏公變法出新意」之句，其實變法得古意也。〔註85〕

九、柳公權

柳公權（778～865），字誠懸，京兆華原（今陝西省耀縣）人。祖正禮，邠州士曹參軍。父子溫，丹州刺史。兄公綽，兵部尚書。公權幼嗜學，十二歲能爲辭賦。元和初，擢進士第，釋褐祕書省校書郎。李聽鎮夏州，辟爲掌書記。穆宗即位，賞其書，拜右拾遺、侍書學士。帝嘗問公權用筆法，對曰：「心正則筆正，乃可爲法。」再遷司封員外郎。歷穆、敬、文三朝，侍書中禁。公綽嘗致書宰相李宗閔，謂侍書頗類工祝，乞爲公權換一散秩。乃改右司郎中、弘文館學士。後，文宗思之，復詔侍書，遷中書舍人，充翰林學士。

《舊唐書》，卷一百二十八，頁 3589～3598；歐陽修，《新唐書》，卷一百五十三，頁 4854～4861。

〔註82〕陳思，《書苑菁華》，卷五，頁 195。

〔註83〕蘇軾，《東坡題跋》，卷四，《宋人題跋》，上冊，頁 128。

〔註84〕朱長文，《墨池編》，卷九，頁 276～277。

〔註85〕劉熙載，《藝概》，卷五，頁 158。

後以論事忤帝意，下遷諫議大夫知制誥，學士如故。開成三年，轉工部侍郎，累遷學士承旨。

武宗立，罷爲散騎常侍。宰相崔珙引爲集賢院學士，知院事。李德裕不悅，左授太子詹事，改賓客。累封河東郡公，復爲常侍，進至太子少師。咸通初，以太子太保致仕。六年卒，年八十八。

公權博貫經術，通音律。其書法結體勁媚，自成一家。當時大臣家碑誌，非其筆，人以子孫爲不孝。外夷入貢者，皆別署貨貝曰：「此購柳書。」嘗書京兆西明寺《金剛經》碑，有鍾王歐虞褚陸諸家法，尤爲得意。〔註86〕傳世書跡有：

〈大達法師玄祕塔碑〉、〈金剛般若經〉、〈神策軍記聖德碑〉、〈福林寺戒塔銘〉、〈西平王李晟碑〉、〈何進滔德政碑〉、〈李石神道碑〉、〈康約言碑〉、〈高重碑〉、〈起居郎劉君碑〉、〈馮宿碑〉、〈蘇夫人墓誌〉、〈復東林寺碑〉、〈驛路記〉、〈義陽郡王苻璘碑〉、〈高元裕碑〉、〈魏公瞀先廟碑銘〉、〈度人經〉、〈清靜經〉、〈陰符經〉、〈心經〉以及行書〈寄藥帖〉、〈官相帖〉、〈檢領帖〉、〈蘭亭帖〉、〈紫絲鞋帖〉、〈簡啓草稿〉、〈赤箭帖〉、〈謝人惠筆帖〉等。

蘇軾〈書唐氏六家書後〉云：

> 柳少師書本出於顏，而能自出新意，「一字百金」非虛語也。其言「心正則筆正」者，非獨諫諷，理固然也。世之小人書字雖工，而其神情終有睢盱側媚之態，不知人情隨想而見，如韓子所謂「竊斧者」乎？抑眞爾也？然至使人見其書而猶憎之，則其人可知矣。〔註87〕

朱長文《續書斷》云：

> 公權博貫經術，正書及行皆妙品之最，草不失能。蓋其法出於顏，而加以遒勁豐潤，自名一家，而不及顏之體局寬裕也。〔註88〕

鄭杓《衍極》云：

> 柳誠懸其游張、顏之梱奧乎？〔註89〕

劉熙載《藝概・書概》云：

〔註86〕 本段所敘柳公權生平事略，兼採新、舊《唐書》之〈柳公權傳〉，見：劉昫，《舊唐書》，卷一百六十五，頁4310～4312；歐陽修，《新唐書》，卷一百六十三，頁5029～5031。

〔註87〕 蘇軾，《東坡題跋》，卷四，《宋人題跋》，上冊，頁128～129。

〔註88〕 朱長文，《墨池編》，卷九，頁287。

〔註89〕 鄭杓，《衍極》，卷四。

柳誠懸書，〈李晟碑〉出歐之〈化度寺〉，〈玄祕塔〉出顏之〈郭家廟〉；
至如〈沂州普照寺碑〉，雖係後人集柳書成之，然剛健含婀娜，乃與
褚公神似焉。〔註90〕

十、裴休

裴休（791～864），字公美，孟州濟源（今河南省濟源市）人。擢進士第，
舉賢良方正異等，為監察御史。宣宗大中六年，進同中書門下平章事，秉政
凡五歲，罷為宣武軍節度使，封河東縣子。後歷昭義、河東、鳳翔、荊南四
節度。

裴休為人蘊藉，進止雍閑。能文章，真楷遒媚，行書有體法。善寫牌額，
嘗於泰山建化誠寺，寺僧粉額陳筆硯以俟，休以衣袖搵墨書之，極遒健。傳
世楷書書跡有〈圭峰禪師碑〉。

米芾《書史》云：

江南廬山多裴休題寺塔諸額，雖乏筆力，皆真率可愛。〔註91〕

米芾《海岳名言》則云：

裴休率意寫牌，乃有真趣，不陷醜怪。〔註92〕

劉熙載《藝概・書概》云：

裴公美書，大段宗歐。米襄陽評之以「真率可愛」。「真率」二字，
最為難得，陶詩所以過人者在此。〔註93〕

康有為《廣藝舟雙楫・干祿第二十六》云：

唐末柳誠懸、沈傳師、裴休，並以遒勁取勝，皆有清勁方整之氣。

〔註94〕

第二節　大量楷書書跡

唐代傳世的楷書書跡，總件數逾萬；其中，以碑石為大宗，其次為墨跡，
再次為刻帖。

〔註90〕劉熙載，《藝概》，卷五，頁159。
〔註91〕米芾《書史》，世界書局，《宋元人書學論著》（臺北，1972），第一種，頁23。
〔註92〕米芾，《海岳名言》，頁1，世界書局，《宋元人書學論著》，第三種。
〔註93〕劉熙載，《藝概》，卷五，頁159。
〔註94〕康有為著、祝嘉疏證，《廣藝舟雙楫》，卷六，頁241。

一、唐代楷書碑石

所謂「碑石」，包括：述德崇聖等各種石碑，以及經幢、造像記、墓碑、墓誌、塔銘各項刻石文字。

唐代重要楷書碑石略述如下：

（一）〈昭仁寺碑〉

全稱「大唐豳州昭仁寺之碑」，朱子奢撰文，未署書者姓名。楷書，凡四十行，行八十四字；額陽文篆書九字。唐貞觀四年（630）立。

李志慧云：

結體端正寬博，筆畫瘦勁挺拔，還微微透露出一絲隸書的遺意。可以說，既有南朝楷書的修美遒潤，又不乏北朝碑書的方整峭峻。〔註95〕

（二）〈化度寺碑〉

全稱「化度寺故僧邕禪師舍利塔銘」，李百藥撰，歐陽詢書。楷書，三十五行，滿行三十三字。唐太宗貞觀五年（631）立；宋時，原石碎亡。

馬嘯云：

《化度寺》……不同於《九成宮》那種明顯地具有北碑鐫刻痕迹的鋒芒外露的用筆方式，而以一種更為含蓄、飽滿的線條來傳達自己的感受。

又云：

透過《化度寺》，我們似乎看到了中國傳統文化中理性規範與感性生命的對立、衝突與調和，看到了理性規範的強大勢力所構成的無法抗拒的命定因素，看到了個體生命所面臨的重負和不屈的反抗精神。〔註96〕

（三）〈九成宮醴泉銘〉

魏徵撰，歐陽詢書，楷書，廿四行，滿行四十九字。額陽文篆書「九成宮醴泉銘」六字。唐太宗貞觀六年（632）四月刻。

吳法乾云：

此碑寫得靜穆安詳、神清氣爽。筆法瘦硬遒勁，結字雍容婉麗，寓

〔註95〕劉正成等，《中國書法鑑賞大辭典》，頁445。
〔註96〕劉正成等，《中國書法鑑賞大辭典》，頁452。

> 險峻於平正之中，融豐腴於渾樸之內，法度森嚴，雅俗共賞。

又云：

> 此碑還有一個極為重要的特點，便是法兼南北，融為一體。既有南
> 朝之清雅秀麗，又有北碑之遒勁雄強。剛柔相濟達到了十分完美的
> 程度。〔註97〕

（四）〈孔子廟堂碑〉

全稱「孔子廟堂之碑」，虞世南撰并書，唐貞觀七年（633）立，尋毀。武周長安三年（703）武后命相王旦重刻。楷書，三十五行，滿行六十四字。相王旦額篆書六字，今已不傳。

張懋鎔云：

> 鋒芒內斂而氣宇軒昂，字字珠圓玉潤。

又云：

> 此碑用筆外柔內剛，筆力遒勁，氣力沈厚，從容地向外發出。……
> 一旦筆到就收，處處恰到好處，沒有一點雕琢氣。
>
> 書家用筆端肅靜穆，但仍給人一種動態感。點畫之間，信手拈來，
> 舒卷自如，……字與字，行與行，都被調度得井然有秩。其完好
> 的整體效果，實在令人贊嘆不絕。這是書家注重精神內容的體現。
>
> 〔註98〕

（五）〈溫彥博碑〉

全稱「唐故特進尚書右僕射上柱國虞恭公溫公碑」，亦稱「虞恭公碑」，岑文本撰，歐陽詢書。楷書卅六行，滿行七十七字。額陽文篆書「唐故特進尚書右僕射虞恭公溫公之碑」十六字，唐太宗貞觀十一年立。

倪文東云：

> 此碑的字較其它碑字形為小，用筆結構更為平和、穩實、老練。筆
> 法穩健，結字謹嚴，筆畫長短合度，粗細勻稱。字體雍容婉麗，中
> 和清雅。長短寬狹，安排有致。……可以說既有《九成宮》之含蓄，
> 又有《皇甫君》之險峭，以其清麗為後世所寶。〔註99〕

〔註97〕劉正成等，《中國書法鑑賞大辭典》，頁453～454。
〔註98〕劉正成等，《中國書法鑑賞大辭典》，頁458。
〔註99〕劉正成等，《中國書法鑑賞大辭典》，頁454。

（六）〈皇甫誕碑〉

全稱「隋柱國左光錄大夫宏議明公皇甫府君之碑」，于志寧撰，歐陽詢書。楷書，廿八行，滿行五十九字。額篆書「隋柱國宏議明公皇甫府君碑」十二字。無立碑年月。

倪文東云：

> 碑文用界格排列，……字形瘦而長，取縱勢。用筆方圓兼施，以方筆爲主，斬釘削鐵，凝重有力，入木三分；結構嚴謹，間架穩固，於平正中見險勁，且又險而不絕。時有誇張之筆，令人嘆爲觀止；章法疏朗，空靈透氣。〔註100〕

（七）〈裴鏡民碑〉

全稱「隋故益州總管府司馬裴君碑銘并序」，李百藥撰，殷令名書。楷書，廿七行，滿行五十二字。唐太宗貞觀十六年（637）十月立。

徐本一云：

> 此碑內斂挺秀，多得之善於變化歐虞，融冶剛柔。雖無歐之險峻，而有歐之清潤；既兼虞之平靜，又出虞之靈動。結體勻粹方正而不嫌其板滯，似在掌握整體重心的前提下，點畫能自然引發，伸縮騰挪。唐楷高手隨心所欲而不逾矩的造詣得以管窺。〔註101〕

（八）〈等慈寺碑〉

全稱「等慈寺塔記銘」，唐太宗貞觀十五年（641）立。顏師古撰，未署書者姓名。楷書，三十二行，行六十五字；額陽文篆書九字。

馬嘯云：

> 《等慈寺碑》……既帶有明顯的北碑遺韻，又不失唐碑風姿……。它使我們同時看到了北方民族豪爽、剽悍的氣質和南方民族溫雅、細膩的性格。

又云：

> 本碑絕大部分筆畫起筆處用露鋒，轉角處用方筆，這是明顯的北碑

〔註100〕劉正成等，《中國書法鑑賞大辭典》，頁455。
〔註101〕劉正成等，《中國書法鑑賞大辭典》，頁467。

風格，顯得勁峭、雄峻。而在部分筆畫的中部和收筆處又使用圓筆和回鋒，加上字體結構的理性化、規範化處理，從而使作品又呈端莊、飽滿、安詳之態。〔註102〕

（九）〈伊闕佛龕碑〉

全稱「伊闕佛龕之碑」，岑文本撰，褚遂良書。楷書，卅二行，滿行五十一字。額篆書「伊闕佛龕之碑」六字。唐太宗貞觀十五年（641）刻於河南洛陽龍門石窟。

倪文東云：

> 此碑……方整峻挺，古樸厚拙，有大風度、大氣魄。

又云：

> 此碑兼有歐虞之長，意參八分之法，融會北碑之意，骨力勁健，沈雄大方。……它用筆方挺，結字緊密，……清代書論家楊守敬斷言，要達到後來褚書的《雁塔聖教序》的嬋娟婀娜的風格，必須先有此《伊闕佛龕碑》的方整寬博的境界。〔註103〕

（十）〈孟法師碑〉

全稱「京師至德觀主孟法師碑」，岑文本撰，褚遂良書。楷書，唐貞觀十六年（642）五月立，原石久佚。

倪文東云：

> 〈孟法師碑〉……可以說是褚書變法的開始。字形方整嚴謹，筆畫應規入矩，圓筆多於方筆。行筆間增加了起伏頓挫，具有較強的節奏感和韻律感。……書者有意識地在方圓交替中把握均衡，努力探索尋求自家風格，爲日後完全成功奠定基礎。〔註104〕

（十一）〈房玄齡碑〉

全稱「大唐故尚書左僕射司空太子太傅上柱國太尉并州都督□□□□□□」，褚遂良書，楷書，卅六行，滿行八十一字。額陽文篆書「大唐故左僕射上柱國太尉梁文昭公碑」十六字。唐太宗貞觀廿二年（648）七月立。

莊希祖云：

〔註102〕劉正成等，《中國書法鑑賞大辭典》，頁447。
〔註103〕劉正成等，《中國書法鑑賞大辭典》，頁460。
〔註104〕劉正成等，《中國書法鑑賞大辭典》，頁460。

此碑……橫畫已左高右低並俯仰有致，豎畫的努筆已明顯內凹呈背
勢；結體也有收有放，氣勢開張。……褚遂良從《房玄齡碑》開始
逐漸形成自己獨特的婉媚多姿、內剛外柔的書風。……梁章鉅平此
碑「古穆在《聖教序》之上」。〔註105〕

（十二）〈孔穎達碑〉

全稱「大唐故太子右庶子銀護軍阜憲公孔公」，無撰、書人姓名。楷書，
凡卅五行，滿行七十六字。唐太宗貞觀廿三年（648）立。

鑄萬云：

書家顯然很注重間架結構，用筆大度，氣勢恢宏，字迹飄逸。所以
宋代黃伯思《東觀餘論》中認爲是一位追慕虞世南書法的人所書
寫。……只是此碑書法筆力尚嫌不足。〔註106〕

（十三）〈雁塔聖教序〉

全稱「大唐三藏聖教序」、「大唐皇帝述三藏聖教序記」，〈序〉，唐太宗撰，
〈記〉唐高宗爲太子時撰；並褚遂良書。楷書，〈序〉凡廿一行，滿行四十二
字；〈記〉凡二十行，滿行四十字。唐高宗永徽四年（653）十月、十二月先
後刻成。

倪文東云：

用筆方圓兼施，滲入隸法，並以行書入楷，運筆流利飛動，猶如入
空靈無迹之境。……筆畫粗細有變，方圓有度，既瘦勁飄逸，渾穆
圓潤，又綽約多姿，和諧自然，……結字於緊密中求變化，中宮收
緊，四方散開，舒展大方，落落有致，俯仰有情。章法自然，若字
裡金生，行間玉潤。〔註107〕

（十四）〈道因法師碑〉

全稱「大唐故翻經大德益州多寶寺道因法師碑文並序」，李儼撰，歐陽通
書。楷書，卅四行，滿行七十三字。額楷書「故大德因法師碑」。唐高宗龍朔
三年（663）
十月立。

〔註105〕劉正成等，《中國書法鑑賞大辭典》，頁460～461。
〔註106〕劉正成等，《中國書法鑑賞大辭典》，頁449。
〔註107〕劉正成等，《中國書法鑑賞大辭典》，頁462。

莊希祖云：

> 運筆上，橫、豎畫直下起筆有過於尖露之病，橫畫收筆及折處的重
> 頓都有過份之處，亦即所謂「肩吻太露」的病筆。結體雖然也很緊
> 密，但有些字，勢態趨扁，下部欠放，結構顯得不夠完美。

倪文東則云：

> 運筆比其父拗折，方筆多於圓筆，精神顯露；結字更加嚴謹，確實
> 其險勁超過其父。比其父書隸意更濃，鋒頭外露，多有挑出之筆，
> 勁挺而有力感。〔註108〕

（十五）〈泉男生墓誌〉

全稱「大唐故特進行右衛大將軍兼檢校右羽林軍仗內供奉上柱國卞國公
贈并州大都督泉君墓誌銘并序」，王德眞撰，歐陽通書。楷書，凡四十六行，
滿行四十七字。蓋篆書。唐高宗調露元年（679）十二月廿六日刻。

宗岱云：

> 因字造型，生動多變，又統一和諧。在用筆上，小歐將右上的折肩
> 處著力強調，長橫落筆更重，某些長畫又著意加長，顯得舒展自
> 如。……此誌一掃鬆散僵硬之病，已達精純境地。〔註109〕

（十六）〈夏日遊石淙詩〉

全稱「夏日遊石淙詩並序」，薛曜書，楷書，凡卅九行，滿行四十二字。
武周久視元年（700）五月刻於河南登峰石淙山北崖。

莊希祖云：

> 《夏日遊石淙詩並序》寫得方整剛挺，骨力峻峭，有褚遂良的體骨，
> 只是豎畫起筆及轉折處的重頓比褚遂良更有過之，……從楷書法度
> 來看，近乎「病筆」，有「竹節」之嫌。撇捺的出鋒也過於尖細，結
> 體明顯傾側，因此而別具一格，自成一體。〔註110〕

（十七）〈信行禪師碑〉

薛稷〈信行禪師碑〉（上海：上海書畫社，2014）

全稱「隋大善知識信行禪師興教之碑」，李貞撰，薛稷書。楷書，唐中宗

〔註108〕劉正成等，《中國書法鑑賞大辭典》，頁481。
〔註109〕劉正成等，《中國書法鑑賞大辭典》，頁482。
〔註110〕劉正成等，《中國書法鑑賞大辭典》，頁500～501。

神龍二年（706）八月立。原石久佚，行數、字數不詳，大小亦不明。

黃惇云：

> 《信行禪師碑》……的用筆和結體確實源於褚遂良。褚遂良尚瘦，
> 他則顯得更瘦，所不同處，褚遂良多數作品瘦中寓於委婉，薛稷則
> 剛硬過之。當然薛稷楷書雖用筆瘦硬，但其結字疏通，故而血脈暢
> 通，又別有一番情趣。〔註111〕

（十八）〈善才寺碑〉

全稱「大唐河南府陽翟縣善才寺文蕩律師塔碑銘并序」，盧渙撰，魏棲梧
書。楷書，唐玄宗開元十三年（725）十月立。原石久佚。

馬嘯云：

> 在整個唐代楷書中，將秀雅溶入骨子，又不顯得輕浮的，除了褚遂
> 良的《陰符經》之外，幾乎無碑可與《善才寺碑》相匹敵，而且比
> 之《陰符經》的綿裡裹鐵，《善才寺碑》又多了一層嬌媚。〔註112〕

（十九）〈郎官石記〉

全稱「尚書省郎官石記」，陳九言撰，張旭書。楷書。舊在陝西西安碑林，
久佚。

黃惇云：

> 觀《郎官石記》，可窺張旭楷法嚴謹，法從王羲之出，典雅、平和、
> 簡淨。既無褚遂良的妍媚，亦不像歐陽詢之峭拔。許多結體略呈橫
> 勢，可窺法《黃庭經》、《樂毅論》之蹤跡，當然他的楷書不像顏、
> 柳多挑、踢之筆，所以一種內蘊的高古氣象躍於筆畫之間。〔註113〕

（二十）〈王琳墓誌〉

全稱「唐故趙郡君太原王氏墓誌銘并序」，徐嶠撰，顏真卿書。楷書，凡卅
二行，滿行卅二字。開元廿九年（741）刻，2003 年秋於洛陽龍門鎮張溝村出土。

郭可愨云：

> 《王琳墓誌》中每個字的結構都講究方正勻稱，形體莊重婉麗，運
> 筆弛張有度，著墨均衡，沒有畸肥畸瘦現象。整體上氣勢雄逸，剛

〔註111〕劉正成等，《中國書法鑑賞大辭典》，頁 500。
〔註112〕劉正成等，《中國書法鑑賞大辭典》，頁 520。
〔註113〕劉正成等，《中國書法鑑賞大辭典》，頁 530。

柔宜人。〔註114〕

（廿一）〈嚴仁墓誌〉

全稱「唐故絳州龍門縣尉嚴府君墓誌銘并序」，張萬頃撰，張旭書。楷書，凡廿一行，滿行十九字。蓋頂篆書「大唐故嚴府君墓誌銘」九字。唐玄宗天寶元年（742）十二月刻，現藏河南省偃師商城博物館。

陽小庠云：

> 《嚴仁墓誌》中的字，有一部分與《郎官石柱記》類似，形神俱備，儼然有晉仁流風。而另外一些字與《郎官石柱記》確存在很大差異，不但字形，氣格和風神也相去甚遠，個別字有北魏碑刻的氣息。〔註115〕

（廿二）〈郭虛己墓誌〉

全稱「唐故工部上書贈太子太師郭公墓誌銘并序」，顏眞卿撰并書。楷書，凡卅五行，滿行卅四字。唐玄宗天寶九載（750）刻，1997 年於河南偃師首陽山出土。

郭可愨云：

> 這件作品整篇布局疏密合度，字體大小勻稱，字迹端莊秀麗，筆畫肥瘦適中，稜角分明，筋骨挺拔，墨迹濃淡相宜，筆勢剛柔相濟，氣韻不凡。既流露出顏氏效法褚遂良、張旭的痕迹，又透露出自己成熟風格的端倪。〔註116〕

（廿三）〈多寶塔碑〉

全稱「大唐西京千福寺多寶佛塔感應碑文」，岑勛撰，顏眞卿書，楷書，凡卅四行，滿行六十六字。徐浩題額，隸書「大唐多寶塔感應碑」八字。唐玄宗天寶十一載（752）立。

黃惇云：

> 用筆上該碑拘窘有餘，而生動不足。穩健的間架中包含著幾分「小

〔註114〕郭可愨，〈河洛文化視野中的顏眞卿楷書藝術〉，《河南科技大學學報》，社會科學版，2010 年第 6 期。

〔註115〕陽小庠，〈唐張旭《嚴仁墓誌》辨疑〉，《中國書法》2007 年第二期。

〔註116〕郭可愨，〈河洛文化視野中的顏眞卿楷書藝術〉，《河南科技大學學報》，社會科學版，2010 年第 6 期。

心謹慎」，當然氣度就展現得不夠了。

張懋鎔則云：

> 整篇結構嚴密，點畫圓整，端莊而不呆版，一撇一捺又顯得靜中有
> 動、秀媚多姿，飄飄然彷彿仙女在祥雲中隱現。……它與顏真卿晚
> 年的作品確實有很大不同。〔註117〕

（廿四）〈東方朔畫贊碑〉

全稱「漢太中大夫東方先生畫贊并序」，晉‧夏侯湛撰，顏真卿書。楷書，碑陽贊凡十八行，碑陰記十七行，滿行皆三十字。碑陽額篆書「漢太中大夫東方先生畫贊碑」十二字，碑陰額隸書「有漢東方先生畫贊碑陰之記」十二字。唐玄宗天寶十三年（754）十二月立。

張強云：

> 《東方朔畫贊》在顏書中尚不是真正的代表作品，譬如說在字體的
> 開張上的生硬，筆畫上的過於臃結，用點上的粗略等等。〔註118〕

（廿五）〈大唐中興頌〉

全稱「大唐中興頌有序」，元結撰，顏真卿書。楷書，凡廿一行，滿行二十字。唐代宗大曆六年（771）六月刻於湖南祁陽浯溪崖壁。

胡傳海、張國恩云：

> 《大唐中興頌》為顏真卿六十三歲時的作品。……他損益內擫「橫
> 鱗豎勒」的筆法所導致的筆墨的滯重發展了外拓的筆法。在這幅作
> 品中相向的弧形篆意結構得到了確立。而籀、漢簡以及民間藁草的
> 軌跡冶在進一步向其中滲透。使歷代沿襲的修長的字形，變為正方，
> 左右拓展，平添了一種恢宏的氣度。……筆勢緩緩而行，捺腳重拙
> 不作波曳之狀，取得一種厚重雄強的力感。……整幅作品具備了一
> 種大氣磅礴，正而不拘窘，莊而不板滯的藝術個性。〔註119〕

（廿六）〈麻姑山仙壇記〉

全稱「有唐撫州南城縣麻姑仙壇記」，顏真卿撰並書。楷書，剪裱本共九百零一字。唐代宗大曆六年（771）四月立，舊在江西臨川，明季毀於火。

〔註117〕劉正成等，《中國書法鑑賞大辭典》，頁541。
〔註118〕劉正成等，《中國書法鑑賞大辭典》，頁542。
〔註119〕劉正成等，《中國書法鑑賞大辭典》，頁547。

胡問遂云：

> 此碑書法寬博端莊，雄深秀穎，……其字橫輕豎重，字形相向，用
> 筆易方爲圓，以轉代折，蠶頭燕尾，筆姿輕妙，確立了顏書的獨特
> 風格。〔註120〕

（廿七）〈元結碑〉

全稱「唐故容州都督兼御史中丞本管經略使元君表墓碑銘並序」，顏眞卿
撰並書。楷書，四面刻，兩面各十七行，兩側各四行，行三十三至三十五字
不等。唐代宗大曆七年（772）十一月立於河南魯山。

鄭剛云：

> 行筆注重筆畫兩端，爲藏鋒而進行複雜的操作，以及提按的誇張等
> 等，正是典型的唐楷筆法。作者始終保持中鋒用筆，雖然有些線條
> 比較細瘦，但不失力感。字結構方正，使作品穩重而充滿凝聚力。
> 字結構與章法、筆觸很好的統一在一起，爲這件碩大的作品傾注了
> 壯美的氣魄。〔註121〕

（廿八）〈顏勤禮碑〉

全稱「唐故祕書省著作郎夔州都督府長史上護軍顏君神道」，顏眞卿撰并
書，楷書，四面存三面，凡四十四行，滿行三十八字。唐代宗大曆十四年（779）
立。現藏陝西西安碑林。

言鞏達云：

> 此碑端莊偉岸，雍容雄秀，高古蒼勁，氣勢迫人，一筆有千鈞之力
> 而體合天成，……此碑結構開張，筆畫位置經營位置得當。字的中
> 宮筆畫互相避讓，留有空間，顯得開通疏朗，書的外部筆畫則較規
> 整，力求穩重，字結構往往上部緊縮，下部舒展……此碑筆力深沉、
> 內藏，鋒稜不露，用筆方圓並施。〔註122〕

（廿九）〈顏氏家廟碑〉

全稱「唐故通議大夫行薛王友柱國贈祕書少監國子祭酒太子少保顏君廟
碑銘并序」，顏眞卿撰并書。楷書，四面刻，兩面各廿四行，行四十七字；兩

〔註120〕劉正成等，《中國書法鑑賞大辭典》，頁548。
〔註121〕劉正成等，《中國書法鑑賞大辭典》，頁548。
〔註122〕劉正成等，《中國書法鑑賞大辭典》，頁551。

側各六行，行五十二字。李陽冰篆額「顏氏家廟之碑」六字。碑 330×130cm，唐德宗建中元年（780）七月立，現藏陝西西安碑林。

少石云：

> 此碑以篆籀筆意入楷，蒼勁圓渾，因爲是晚年用力深至之作，顯得更加深沉雄重，樸拙老辣，可謂人書俱老了。然因用心太過，精熟之筆不免留有一些習氣。〔註 123〕

（三十）〈不空和尚碑〉

全稱「唐大興善寺故大德大辯正廣智三藏和尚碑銘并序」，嚴郢撰，徐浩書。楷書，凡廿三行，滿行四十八字。額楷書「唐大興善寺大辯正廣智三藏國師之碑」，四行，行四字。碑高三百零五釐米，寬九十九釐米，厚三十釐米，螭首龜趺。唐德宗建中二年（781）刻，原立於長安大興善寺，宋初移至文廟，現藏西安碑林博物館。

黃惇云：

> 《不空和尚碑》作爲徐浩的楷書代表作，確實使人看到他的深厚功底，筆畫圓勁蒼老，雄健爽利，結體微扁而開張、穩重而厚實。但似在循守法度之中，稍遜神韻。〔註 124〕

（卅一）〈金剛經〉

全稱「金剛般若波羅蜜多經」，柳公權書。唐穆宗長慶四年四月刻石毀於宋有敦煌唐搨本傳世。

少石云：

> 《金剛般若經》……用筆以方爲主，方中有圓，運筆十分注重輕重頓挫，於嚴整中求變化，顯得字字秀朗筋骨挺拔。〔註 125〕

（卅二）〈玄祕塔碑〉

全稱「唐故左街僧錄內供奉一教引駕大德安國寺上座賜紫大達法師玄祕塔碑銘并序」，裴休撰，柳公權書并篆額。楷書，凡廿八行，滿行五十四字。唐武宗會昌元年（841）十二月立，現藏陝西西安碑林。

張懋鎔云：

〔註 123〕劉正成等，《中國書法鑑賞大辭典》，頁 552。
〔註 124〕劉正成等，《中國書法鑑賞大辭典》，頁 537。
〔註 125〕劉正成等，《中國書法鑑賞大辭典》，頁 575。

與……柳公權其他作品比較，玄祕塔妙在既有「斬釘截鐵」的柳體特性，又富於變化。一是筆畫粗細的變化，如「祕塔大」等字筆畫豐腴，與其他瘦勁字對照，避免了單調。一字中也有粗有細。二是用筆變化，如「紫」字上部的曲線變化，對其他平直的字無疑是一種調劑。〔註126〕

（卅三）〈左神策軍紀聖德碑〉

全稱「皇帝巡幸左神策軍紀聖德碑并序」，柳公權書。楷書。唐武宗會昌三年（843）立，原石久佚。

張士東云

柳公權楷書……起筆凌利，行筆勁健，轉折分明，交代清晰，既有顏的歸偉，又有歐的精勁，……神策軍碑刻工尤精，為柳楷諸碑翹楚。〔註127〕

（卅四）〈圭峰禪師碑〉

全稱「唐故圭峰定慧禪師傳法碑并序」，裴休書，楷書，凡卅六行，滿行六十五字。柳公權篆額九字。唐宣宗大中九年（855）十月立。

顧敏芳云：

裴休書法吸收了柳體的筋骨、歐體的緊密與顏體的頓挫之勢，形成了自己遒媚勁健的風貌，……從這幅作品中，我們可以窺出裴休在掌握紮實的基本功和洞悉傳統的基礎上，突出地追求一種超脫物表、澄靜內中的境界。〔註128〕

二、唐代楷書墨跡

唐代重要楷書墨跡略如下述──

（一）褚遂良書〈陰符經〉。〔註129〕

（二）褚遂良書〈倪寬贊〉。〔註130〕

〔註126〕劉正成等，《中國書法鑑賞大辭典》，頁578。
〔註127〕劉正成等，《中國書法鑑賞大辭典》，頁579。
〔註128〕劉正成等，《中國書法鑑賞大辭典》，頁583。
〔註129〕劉人島、黃遠林，《中國楷書觀止》（北京：長虹出版公司，2000），上冊，頁130～135。
〔註130〕劉人島、黃遠林，《中國楷書觀止》，上冊，頁136～139。

（三）褚遂良臨〈王獻之飛鳥帖〉。〔註131〕

（四）褚遂良書〈文皇哀冊〉。〔註132〕或「疑爲明末嚴澂雙鉤摹塡之作，又疑爲米芾所臨假冒眞迹」。〔註133〕

（五）〈金剛經〉，貞觀十五年（西元641年）四月八日，僧慈忍等造。〔註134〕

（六）蔣善進，《臨智永眞草千字文殘卷》，貞觀十五年（西元641年）。〔註135〕

（七）國銓（627～649）〈善見律〉，〔註136〕貞觀廿二年（西元648年）造。

（八）〈佛性海藏經〉，顯慶四年（西元659年）八月廿五日，索懷道造。〔註137〕

（九）〈妙法蓮華經〉卷二，顯慶五年（西元660年）三月十四日，僧重遷造。〔註138〕

（十）〈周易王弼注〉卷三，顯慶五年（西元660年）。〔註139〕

（十一）沈弘，〈阿毗曇毗婆沙〉卷六十，龍朔二年（西元662年）七月十五日，尉遲寶琳等造。〔註140〕

（十二）〈大樓炭經〉卷三，咸亨四年（西元673年）蘇慶節造。〔註141〕

（十三）賈敬本，〈金剛經〉，上元二年（西元675年）三月廿二日。〔註142〕

（十四）成公敬賓，〈妙法蓮華經〉，上元二年（西元675年）十一月廿

〔註131〕劉人島、黃遠林，《中國楷書觀止》，上冊，頁140～141。

〔註132〕劉人島、黃遠林，《中國楷書觀止》，上冊，頁144～146。

〔註133〕劉人島、黃遠林，《中國楷書觀止》，上冊，頁145。

〔註134〕僧慈忍等造，〈金剛經〉，見：二玄社，《隋唐寫經集》（東京，1980），頁20～21。

〔註135〕蔣善進，《臨智永眞草千字文殘卷》，見：沈樂平，《敦煌書法精粹》，隋唐卷上，頁26～32。

〔註136〕國銓，〈善見律〉，見：劉人島、黃遠林，《中國楷書觀止》，上冊，頁149。

〔註137〕索懷道造，〈佛性海藏經〉，見：二玄社，《隋唐寫經集》，頁22～23。

〔註138〕僧重遷造，〈妙法蓮華經〉卷二，見：二玄社，《隋唐寫經集》，頁24～25。

〔註139〕〈周易王弼注〉卷三，見：沈樂平，《敦煌書法精粹》，隋唐卷上，頁43～48。

〔註140〕尉遲寶琳等造，沈弘，〈阿毗曇毗婆沙〉卷六十，見：二玄社，《隋唐寫經集》，頁26～27；沈樂平，《敦煌書法精粹》（上海：上海書畫社，2014），隋唐卷上，頁49～50。

〔註141〕蘇慶節造，〈大樓炭經〉卷三，見：二玄社，《隋唐寫經集》，頁28～29。

〔註142〕賈敬本，〈金剛經〉，見：二玄社，《隋唐寫經集》，頁30～31。

六日。〔註 143〕

　　（十五）馬元禮，〈妙法蓮華經〉，上元三年（西元 676 年）九月十八日。
〔註 144〕

　　（十六）程君度，〈金剛經〉，上元三年（西元 676 年）。〔註 145〕

　　（十七）〈觀世音經〉，天冊萬歲元年（西元 695 年）正月壹日，張萬福
夫妻造。〔註 146〕

　　（十八）〈大涅槃經〉卷卅七。〔註 147〕

　　（十九）賈方素，〈彌勒上生經〉，久視元年（西元 700 年）九月十五日，
氾德達造。〔註 148〕

　　（二十）〈三藏聖教序〉，久視元年（西元 700 年）。〔註 149〕

　　（廿一）宋知古，〈妙法蓮華經〉卷二，長安二年（西元 702 年）六月。
〔註 150〕

　　（廿二）薛崇徹，〈大涅槃經〉卷七，景龍二年（西元 708 年）五月廿六
日，陰夫人等造。〔註 151〕

　　（廿三）馬處幽，〈洞玄空洞靈章經〉，開元六年（西元 718 年）。〔註 152〕

　　（廿四）尹嘉禮，〈妙法蓮華經〉卷五，開元九年（西元 721 年）五月一
日。〔註 153〕

　　（廿五）史苟仁，〈要行捨身經〉，開元十七年（西元 729 年）六月十五
日。〔註 154〕

　　（廿六）陳延昌，〈遺教經〉一卷，開元廿二年（西元年 734）二月八日。
〔註 155〕

〔註 143〕成公敬賓，〈妙法蓮華經〉，見：二玄社，《隋唐寫經集》，頁 32～33。
〔註 144〕馬元禮，〈妙法蓮華經〉，見：二玄社，《隋唐寫經集》，頁 34～35。
〔註 145〕程君度，〈金剛經〉，見：沈樂平，《敦煌書法精粹》，隋唐卷上，頁 51～54。
〔註 146〕〈觀世音經〉，見：二玄社，《隋唐寫經集》，頁 36～37。
〔註 147〕〈大涅槃經〉卷卅七，見：二玄社，《隋唐寫經集》，頁 38～39。
〔註 148〕貫方素，〈彌勒上生經〉，見：二玄社，《隋唐寫經集》，頁 40～41。
〔註 149〕〈三藏聖教序〉，見：沈樂平，《敦煌書法精粹》，隋唐卷上，頁 55～57。
〔註 150〕宋知古，〈妙法蓮華經〉卷二，見：二玄社，《隋唐寫經集》，頁 42～43。
〔註 151〕薛崇徹，〈大涅槃經〉卷七，見：二玄社，《隋唐寫經集》，頁 43～45。
〔註 152〕馬處幽，〈洞玄空洞靈章經〉，見：沈樂平，《敦煌書法精粹》，隋唐卷上，頁
　　　　　65～68。
〔註 153〕尹嘉禮，〈妙法蓮華經〉卷五，見：二玄社，《隋唐寫經集》，頁 46～47。
〔註 154〕史苟仁，〈要行捨身經〉，見：二玄社，《隋唐寫經集》，頁 48～49。
〔註 155〕陳延昌，〈遺教經〉一卷，見：二玄社，《隋唐寫經集》，頁 50～51。

（廿七）陳琛，〈老子道德經〉卷上，開元廿三年（西元735年）五月。
〔註156〕

（廿八）〈諸經要集〉，開元二十三年（西元735年）。〔註157〕

（廿九）許子顯，〈閱紫錄儀〉，開元廿三年（西元735年）。〔註158〕

（三十）鍾紹京，〈靈飛經〉，〔註159〕開元廿六年（西元738年）二月。

（卅一）鍾紹京〈靈飛經〉，〔註160〕開元廿六年（西元738年）二月。

（卅二）趙全岳，〈周易釋文殘卷〉，開元廿六年（西元738年）九月。
〔註161〕

（卅三）張玄誓，〈十戒經〉，天寶十載（西元751年）正月廿六日。
〔註162〕

（卅四）〈金剛經〉，天寶十二載（西元年753），王豐造。〔註163〕

（卅五）黎思莊，〈觀音經〉，大曆五年（西元770年）二月十八日。
〔註164〕

（卅六）顏眞卿書〈竹山堂連句詩帖〉〔註165〕，大曆九年（西元774年）書。

（卅七）顏眞卿〈自書告身〉，〔註166〕紙本墨跡，建中元年（西元780年）八月書。

（卅八）僧恆安，〈瑜伽十地論〉卷廿二，大中十年（西元857年）十月廿三日。〔註167〕

〔註156〕陳琛，〈老子道德經〉卷上，見：沈樂平，《敦煌書法精粹》，隋唐卷上，頁62～64。

〔註157〕〈諸經要集〉，見：沈樂平，《敦煌書法精粹》，隋唐卷上，頁69。

〔註158〕許子顯，〈閱紫錄儀〉，見：沈樂平，《敦煌書法精粹》，隋唐卷下，頁11～15。

〔註159〕鍾紹京，〈靈飛經〉，見：李伍強、李國強，《唐人小楷精選》，頁41～44。

〔註160〕鍾紹京〈靈飛經〉，見：劉人島、黃遠林，《中國楷書觀止》，上冊，頁152～155。乃跳臨鍾氏〈靈飛經〉之習作，惟若「永字八法」四字，固皆經中所有；而將之寫爲成句，當亦有心。

〔註161〕趙全岳，〈周易釋文殘卷〉，見：沈樂平，《敦煌書法精粹》，隋唐卷上，頁80～85。

〔註162〕張玄誓，〈十戒經〉，見：二玄社，《隋唐寫經集》，頁52～53。

〔註163〕王豐造，〈金剛經〉，見：二玄社，《隋唐寫經集》，頁54～55。

〔註164〕黎思莊，〈觀音經〉，見：二玄社，《隋唐寫經集》，頁60～61。

〔註165〕劉人島、黃遠林，《中國楷書觀止》，上冊，頁184～185。

〔註166〕劉人島、黃遠林，《中國楷書觀止》，上冊，頁186～189。

〔註167〕僧恆安，瑜伽十地論〉卷廿二，見：二玄社，《隋唐寫經集》，頁62～64。

（卅九）吳彩鸞書〈切韻〉。〔註168〕

（四十）唐鈔本〈世說新書〉。〔註169〕

（卌一）唐鈔本〈王勃集〉。〔註170〕

（卌二）唐鈔本〈古文尚書〉。〔註171〕

（卌三）唐鈔本〈春秋穀梁傳集解〉。〔註172〕

（卌四）〈漢書・蕭望之傳殘卷〉。〔註173〕

（卌五）〈禮記鄭玄注〉。〔註174〕

（卌六）〈南華眞經刻意品〉。〔註175〕

（卌七）〈御注金剛經宣演〉卷上。〔註176〕

（卌八）〈古文尚書卷五殘卷〉。〔註177〕

（卌九）〈黃仕強傳〉。〔註178〕

（五十）〈沙洲圖經〉。〔註179〕

（五十一）〈龜山玄籙〉。〔註180〕

（五十二）〈道德經序訣〉。〔註181〕

（五十三）〈三階佛法卷三〉。〔註182〕

（五十四）〈春秋穀梁傳集解〉。〔註183〕

〔註168〕刊於：故宮博物院編輯委員會，《故宮歷代法書全集》（東京：日本株式會社東京堂，1976～1979），第九冊。

〔註169〕唐鈔本〈世說新書〉，見：二玄社，《唐鈔本世說新書》（東京，1974），頁 5～70。

〔註170〕唐鈔本〈王勃集〉，見：二玄社，《唐鈔本王勃集》（東京，1974），頁5～38。

〔註171〕唐鈔本〈古文尚書〉，見：沈樂平，《敦煌書法精粹》，隋唐卷下，頁6～8。

〔註172〕唐鈔本〈春秋穀梁傳集解〉，見：沈樂平，《敦煌書法精粹》，隋唐卷下，頁65～70。

〔註173〕〈漢書・蕭望之傳殘卷〉，見：沈樂平，《敦煌書法精粹》，隋唐卷上，頁 98～100。

〔註174〕〈禮記鄭玄注〉，見：沈樂平，《敦煌書法精粹》，隋唐卷上，頁101～103。

〔註175〕〈南華眞經刻意品〉，見：沈樂平，《敦煌書法精粹》，隋唐卷上，頁104～106。

〔註176〕〈御注金剛經宣演〉卷上，見：沈樂平，《敦煌書法精粹》，隋唐卷上，頁107～109。

〔註177〕〈古文尚書卷五殘卷〉，見：沈樂平，《敦煌書法精粹》，隋唐卷下，頁6～8。

〔註178〕〈黃仕強傳〉，見：沈樂平，《敦煌書法精粹》，隋唐卷下，頁24～25。

〔註179〕〈沙洲圖經〉，見：沈樂平，《敦煌書法精粹》，隋唐卷下，頁38～45。

〔註180〕〈龜山玄籙〉，見：沈樂平，《敦煌書法精粹》，隋唐卷下，頁46～47。

〔註181〕〈道德經序訣〉，見：沈樂平，《敦煌書法精粹》，隋唐卷下，頁50～52。

〔註182〕〈三階佛法卷三〉，見：沈樂平，《敦煌書法精粹》，隋唐卷下，頁53～57。

（五十五）〈春秋左傳昭公廿七年〉。〔註184〕

（五十六）〈妙法蓮華經卷八〉。〔註185〕

（五十七）〈高適集殘卷〉。〔註186〕

（五十八）〈玉臺新咏卷二殘卷〉。〔註187〕

（五十九）〈維摩詰經卷下〉。〔註188〕

三、唐代楷書刻帖

唐代重要楷書墨跡略如下述──

（一）唐太宗〈道宗帖〉，一稱〈卿與道宗帖〉，〔註189〕行楷，二行廿一字。

（二）唐太宗〈唱箭帖〉，〔註190〕楷書三行廿六字。

（三）唐太宗〈秋日帖〉，一稱〈效庾信帖〉，〔註191〕楷書六行五十八字。

王澍云：

〈效庾信帖〉端謹圓潤，大似永禪師。文王以馬上得天下，及既御

極，乃能厚自斂抑，不作些子矜心躁氣，洵可尚也。〔註192〕

（四）唐太宗〈東都帖〉，〔註193〕行楷四行三十五字。

王澍云：

東都帖，與高宗部〈九乾門〉以下六帖正同，當爲高宗書無疑。〔註

194〕

〔註183〕〈春秋穀梁傳集解〉，見：沈樂平，《敦煌書法精粹》，隋唐卷下，頁65～70。

〔註184〕〈春秋左傳昭公廿七年〉，見：沈樂平，《敦煌書法精粹》，隋唐卷下，頁 71
～73。

〔註185〕〈妙法蓮華經卷八〉，見：沈樂平，《敦煌書法精粹》，隋唐卷下，頁74～81。

〔註186〕〈高適集殘卷〉，見：沈樂平，《敦煌書法精粹》，隋唐卷下，頁82～87。

〔註187〕〈玉臺新咏卷二殘卷〉，見：沈樂平，《敦煌書法精粹》，隋唐卷下，頁94～
98。

〔註188〕〈維摩詰經卷下〉，見：沈樂平，《敦煌書法精粹》，隋唐卷下，頁99～101。

〔註189〕唐太宗〈道宗帖〉，見：秦緒全，《宋拓淳化閣帖》（濟南：山東美術出版社，
2015），卷一，頁44～45；二玄社，《淳化閣帖》（東京，1980），卷一，頁45。

〔註190〕唐太宗〈唱箭帖〉，見：秦緒全，《宋拓淳化閣帖》，卷一，頁53；二玄社，《淳
化閣帖》，卷一，頁52～53。

〔註191〕唐太宗〈秋日帖〉，見：秦緒全，《宋拓淳化閣帖》，卷一，頁 54～55；二玄
社，《淳化閣帖》，卷一，頁53～54。

〔註192〕王澍，《淳化祕閣法帖考正》（臺北：文史哲出版社，1971），卷一，頁56。

〔註193〕唐太宗〈東都帖〉，見：秦緒全，《宋拓淳化閣帖》，卷一，頁58；二玄社，《淳
化閣帖》，卷一，頁57。

〔註194〕王澍，《淳化祕閣法帖考正》，卷一，頁57～58。

（五）唐高宗〈文瓘帖〉，一稱〈九乾門帖〉，〔註195〕楷書二行十九字。

（六）唐高宗〈晚間帖〉，一稱〈六尙書帖〉，〔註196〕行楷四行三十七字。

（七）唐高宗〈平章事帖〉，一稱〈昨日帖〉，〔註197〕楷書二行十九字。

（八）唐高宗〈玄堂帖〉，一稱〈使至帖〉，〔註198〕行楷七行八十字。

（九）唐高宗〈東都帖〉，一稱〈遣弘往東都帖〉，〔註199〕行楷六行六十三字。

王澍云：

> 高宗諱治，太宗第九子，書法柔韋乏勁。〔註200〕

（十）歐陽詢〈比年帖〉。〔註201〕

（十一）歐陽詢〈心經〉，〔註202〕貞觀九年（西元635年）。按：玄奘於貞觀十九年返回中國，始譯出此一版本之《心經》；歐陽詢固無法早十年而寫此作品。且歐陽詢卒於貞觀十五年，當時玄奘尙未返國，故此件亦不可能爲歐書而誤植年份。

（十二）歐陽詢書〈千字文〉，〔註203〕貞觀十五年（西元641年）。

（十三）虞世南〈破邪論序〉。〔註204〕「清姚鼐疑之。蓋署銜爲「太子中書舍人」；惟東宮僚屬僅「中舍人」。且虞世南父名荔，而序中「荔」字不

〔註195〕唐高宗〈文瓘帖〉，見：秦緒全，《宋拓淳化閣帖》，卷一，頁 60～61；二玄社，《淳化閣帖》，卷一，頁59～60。

〔註196〕唐高宗〈晚間帖〉，見：秦緒全，《宋拓淳化閣帖》，卷一，頁 61～62；二玄社，《淳化閣帖》，卷一，頁60～61。

〔註197〕唐高宗〈平章事帖〉，見：秦緒全，《宋拓淳化閣帖》，卷一，頁62；二玄社，《淳化閣帖》，卷一，頁61。

〔註198〕唐高宗〈玄堂帖〉，見：秦緒全，《宋拓淳化閣帖》，卷一，頁 63～64；二玄社，《淳化閣帖》，卷一，頁62～63。

〔註199〕唐高宗〈東都帖〉，見：秦緒全，《宋拓淳化閣帖》，卷一，頁 64～65；二玄社，《淳化閣帖》，卷一，頁63～64。

〔註200〕王澍，《淳化祕閣法帖考正》，卷一，頁58。

〔註201〕歐陽詢〈比年帖〉，見：秦緒全，《宋拓淳化閣帖》，卷四，頁 40～41；二玄社，《淳化閣帖》，卷四，頁33～34。

〔註202〕歐陽詢，〈心經〉，見：二玄社，《晉唐小楷集十種一〈越州石氏本〉》，頁 34～36；李伍強、李國強，《唐人小楷精選》，頁3～5。

〔註203〕歐陽詢，〈千字文〉，見：劉人島、黃遠林，《中國楷書觀止》，上冊，頁98～101。

〔註204〕虞世南，〈破邪論序〉，見：二玄社，《晉唐小楷集十種一〈越州石氏本〉》，頁 26～33；李伍強、李國強，《唐人小楷精選》，頁7～12。

避諱。故恐爲後人僞託」。〔註205〕

　　（十四）虞世南〈大運帖〉。〔註206〕張照云：

　　虞永興〈大運帖〉、歐陽率更〈比年帖〉，皆集二公碑中字爲之。〔註207〕

　　（十五）虞世南〈洛神賦十三行〉，〔註208〕卷末有周越跋，謂爲「獻之〈洛神賦〉遺跡」。〔註209〕

　　（十六）褚遂良〈文皇哀冊〉，〔註210〕行楷書，其中，起首「維」字右旁，疑寫完一撇之後先寫一豎，再寫一點，與唐人筆順不符。而「己巳」作「巳巳」，尤爲可疑。

　　（十七）褚遂良〈千字文〉，〔註211〕永徽四年（西元653年）。其中，「律召調陽」之「陽」字漏書，而補於「雲騰致雨」之「騰」後；「樓觀飛驚」後漏書「圖寫禽獸，畫綵仙靈」二句八字；「肆筵設席」後漏書「鼓瑟吹笙，升階納陛」二句八字。蓋非褚氏眞筆。

　　（十八）褚遂良〈陰符經〉〔註212〕，永徽五年（西元654年）。

　　（十九）褚遂良〈太上老君常清淨經〉。〔註213〕

　　（二十）褚遂良〈靈寶渡人經變相題字〉。〔註214〕

　　（廿一）褚遂良〈佛說尊勝陀羅尼咒〉〔註215〕

　　（廿二）薛稷〈論膾帖〉。〔註216〕

〔註205〕梁批雲主編，《中國書法大辭典》（香港：書譜出版社，1984），下冊，頁1712。
〔註206〕虞世南，〈大運帖〉，見：秦緒全，《宋拓淳化閣帖》，卷四，頁27～28；二玄社，《淳化閣帖》，卷四，頁20～21。
〔註207〕二玄社，《淳化閣帖》，卷四，頁20。
〔註208〕虞世南，〈洛神賦十三行〉，見：劉人島、黃遠林，《中國楷書觀止》，上冊，頁118～119。
〔註209〕劉人島、黃遠林，《中國楷書觀止》，上冊，頁118。
〔註210〕褚遂良，〈文皇哀冊〉，見：二玄社，《褚遂良法帖集》（東京，1983），頁11～20。
〔註211〕褚遂良〈千字文〉，見：二玄社，《褚遂良法帖集》，頁22～43。
〔註212〕褚遂良，〈陰符經〉，見：二玄社，《晉唐小楷集十種一〈越州石氏本〉》，頁37～38。
〔註213〕〈太上老君常清淨經〉，見：二玄社，《晉唐小楷集十種一〈越州石氏本〉》，頁39～44。
〔註214〕褚遂良，〈靈寶渡人經變相題字〉，見：二玄社，《晉唐小楷集十種一〈越州石氏本〉》，頁45～48。
〔註215〕褚遂良〈佛說尊勝陀羅尼咒〉，見：二玄社，《晉唐小楷集十種一〈越州石氏本〉》，頁49～50。
〔註216〕薛稷，〈論膾帖〉，見：秦緒全，《宋拓淳化閣帖》，卷四，頁54；二玄社，《淳

　　（廿三）鍾紹京書〈靈飛經〉。〔註217〕

　　（廿四）顏眞卿〈制誥帖〉。〔註218〕包括：開元二年之〈顏元孫制書〉、乾元元年之〈顏昭甫制書〉、寶應元年之〈顏惟貞制書〉、寶應二年之〈殷夫人制書〉以及大曆十二年〈顏眞卿制書〉五份。

　　（廿五）顏眞卿〈小字麻姑仙壇記〉。〔註219〕

　　（廿六）顏眞卿〈小字麻姑仙壇記〉。〔註220〕

　　（廿七）顏眞卿〈馬伏波語〉。〔註221〕

　　（廿八）顏眞卿〈峽州帖〉。〔註222〕

　　（廿九）顏眞卿〈移蔡帖〉。〔註223〕

　　（三十）顏眞卿〈放生池帖〉。〔註224〕包括：上元元年之〈乞御書題天下放生池碑額表并御書批答〉與大曆九年之〈乞御書題額恩敕批答碑陰記〉。

　　（卅一）柳公權〈十六日帖〉。〔註225〕

　　（卅二）柳公權〈跋王獻之洛神賦十三行〉，〔註226〕

　　（卅三）宋儋〈接拜帖〉。〔註227〕呂總〈續書評〉云：

　　　宋儋，如暮春花發，夏柳枝低。〔註228〕

化閣帖》，卷四，頁47～48。

〔註217〕鍾紹京，〈靈飛經〉，見：李伍強、李國強，《唐人小楷精選》，頁16～40。

〔註218〕顏眞卿，〈制誥帖〉，見：二玄社，《唐顏眞卿忠義堂帖》（東京，1983），上冊，頁3～36。

〔註219〕顏眞卿，〈小字麻姑仙壇記〉，見：二玄社，《唐顏眞卿忠義堂帖》，上冊，頁55～62。

〔註220〕顏眞卿，〈小字麻姑仙壇記〉，見：李伍強、李國強，《唐人小楷精選》，頁46～48。

〔註221〕顏眞卿，〈馬伏波語〉，見：二玄社，《唐顏眞卿忠義堂帖》，上冊，頁69～72。

〔註222〕顏眞卿，〈峽州帖〉，見：二玄社，《唐顏眞卿忠義堂帖》，下冊，頁9～12。

〔註223〕顏眞卿，〈移蔡帖〉，見：二玄社，《唐顏眞卿忠義堂帖》，下冊，頁13～16。

〔註224〕顏眞卿，〈放生池帖〉，見：二玄社，《唐顏眞卿忠義堂帖》，下冊，頁45～108。

〔註225〕柳公權《十六日帖》，見：秦緒全，《宋拓淳化閣帖》，卷四，頁47；二玄社，《淳化閣帖》，卷四，頁41。

〔註226〕柳公權〈跋王獻之洛神賦十三行〉，見：二玄社，《晉唐小楷集十種一〈越州石氏本〉》，頁19。

〔註227〕宋儋〈接拜帖〉，見：秦緒全，《宋拓淳化閣帖》，卷五，頁9～14；二玄社，《淳化閣帖》，卷五，頁11～12。

〔註228〕韋續《墨藪》，第三，〈書品優劣〉，世界書局，《唐人書學論著／宣和書譜》（臺北，2011），頁217。

第三節　浩繁的楷書書論

　　唐代仕宦重視楷書，故於楷書除勉力習練之外，於其技法亦時加議論。據唐、宋時人蒐集所得，唐代關於之書學理論計有歐陽詢〈八法〉等十八篇。其中雖或眞僞雜揉，然亦皆有可觀。

一、歐陽詢〈用筆論〉

　　朱長文《墨池編》載歐陽詢〈用筆論〉云：

　　　　有翰林善書大夫，言於寮故無名公子曰：「自書契之興，篆隸茲起，百家千體，紛雜不同。至於盡妙窮神，作範垂代，騰芳飛譽，冠絕古今，；惟右軍王逸少一人而已。然去之數百年內，無人擬者，蓋與天挺之性，功力尚少，用筆運神，未通其趣，可不然歟？」

　　　　公子從容斂袵而言曰：「僕庸瑣愚昧，稟命輕微，無祿代耕，留心筆硯。至如天挺功力，誠如大夫之說。用筆之趣，請聞其說。」

　　　　大夫欣然而笑曰：「此難能也，子欲聞乎？余自少及長，凝情翰墨。每覽異體奇跡，未嘗不循環吟玩，抽其妙思，終日臨倣，至於皓首，而無退倦也。夫用筆之法，急捉短搦，迅牽疾掣，懸針垂露，蠖屈蛇伸。瀝落蕭條，點綴閒雅。行行眩目，字字驚心。若上苑之春花，無處不發，抑亦可觀，是余用筆之妙也。」

　　　　公子曰：「幸甚，幸甚！仰承餘論，善無所加。然僕見聞異於是。輒以聞見便躭玩之，奉對大賢座，未敢抄說。」

　　　　大夫曰：「與子同寮，索居日久。既有異同，焉得不敘？」

　　　　公子曰：「向之造次，濫有斯言。今切再思，恐不足取。」

　　　　大夫曰：「妙善異述，達者共傳。請不祕之，粗陳梗概。」

　　　　公子安退位逡巡，緩頰而言曰：「夫用筆之體，會須鉤黏纏把，緩紲徐收。

　　　　梯不虛發，斫必有由。徘徊俯仰，容與風流。剛則鐵畫，媚若銀鉤。壯則崛吻而嵾嵯，麗則綺靡而清遒。若枯松之臥高嶺，類巨石以偃鴻溝。同鸞鳳之鼓舞，等鴛鷺之沉浮。彷彿兮若神仙來往，宛轉兮似獸伏龍遊。其墨或濃或淡，或浸或燥，隨其形勢，逐其變巧。藏

鋒靡露，壓尾難討。忽正忽斜，半眞半草。唯截紙稜，擊揆窈紹。務在勁實，無令怯少。隱隱軫軫，譬河漢之出眾星，崑岡之出珍寶。既錯落而燦爛，復趂連而掃撩。方員上下而相副，終始盤桓而圍繞。觀寥廓兮似察，始登岸而逾好。用筆之趣，信然可珍，竊謂合乎古道。」

大夫應聲而起，行吟而歎曰：「夫遊畎澮者，詎測溟海之深；升培塿者，寧知泰山之峻。今屬公子吐論，通幽洞微，過鍾、張之門，入義、獻之室，重光前哲，垂裕後昆。中心藏之，蓋棺乃止。」

公子謝曰：「鄙說疏淺，未足可珍。忽枉話言，不勝慙懼。」〔註229〕

　按：歐陽詢〈用筆論〉一篇，借翰林善書大夫與無名公子以談論書道之用筆，善書大夫之「急捉短搦，迅牽疾掣」云云，蓋亦自謂難能；及聞無名公子「通幽洞微」之論，始悟自身於書道所得，無異「遊畎澮者」與「升培塿者」。二者所言，並非專論楷書，然亦包楷書而言之。而為強調無名公子見解之高明，乃特以駢文出之。前段收、由、流、鉤、遒、溝、浮、遊八字押平聲尤韻；後段燥、巧、討、草、紹、少、寶、撩、繞、好、道十一字押上聲皓韻。〔註230〕

二、歐陽詢〈傳授訣〉

朱長文《墨池編》載歐陽詢〈傳授訣〉云

傳授訣曰：每秉筆，必在員正氣力，縱橫重輕，凝神靜慮。當審字勢。四面停勻，八邊具備。長短合度，麤細折中。心眼準程，疏密敧正。最不可忙，忙則失勢。次不可緩，緩則骨癡。又不可瘦，瘦當形枯。復不可肥，肥則質濁。細詳緩臨，自然備體。此字學要妙處。貞觀六年七月十二日，詢書付善奴。〔註231〕

〔註229〕朱長文，《墨池編》，卷二，頁67～68；另，孫岳頒等，《佩文齋書畫譜》，卷五，頁136～137、董誥等，《全唐文》，卷一四六，頁651，亦收此篇。各本「子欲聞乎」與「余自少及長」兩句之間皆有「公子曰」三字，依文意而刪之。

〔註230〕其中，「燥」「討」「草」「寶」「好」「道」六字屬上聲皓韻；「巧」字屬上聲巧韻；「紹」「少」「撩」「繞」四字屬上聲篠韻。彼此通押。

〔註231〕朱長文，《墨池編》，卷二，頁67；孫岳頒等，《佩文齋書畫譜》，卷五，頁137；董誥等，《全唐文》，卷一四六，頁651。「必在員正氣力」一句，《墨池編》作「必在員正重氣力」，依《佩文齋書畫譜》與《全唐文》改。

按：歐陽詢〈傳授訣〉一篇，首論用筆，次及字勢，末則以「細詳緩臨」作爲學書之基本方法。

三、歐陽詢〈八法〉

陳思《書苑菁華》載歐陽詢〈八法〉云：

、 　如高峰之墜石。

乀 　似長空之初月。

一 　若千里之陣雲。

丨 　如萬歲之枯藤。

乚 　勁松倒折，落挂石崖。

丿 　利劍截斷犀象之角牙。

乀 　一波常三過筆。

勹 　如萬鈞之弩發。

澄神靜慮，端己正容。秉筆思生，臨池志逸。虛拳直腕，指齊掌空。意在筆前，文向思後。分閒布白，勿令偏側。墨淡即傷神彩，絕濃必滯鋒毫。肥則爲鈍，瘦則露骨。勿使傷於軟弱，不須降怒爲奇。點畫調勻，上下均平，遞相顧揖。筋骨精神，隨其大小。不可頭重腳輕，無令左短右長。斜正如人，上稱下載，東映西帶。器宇融和，精神灑落。省此微言，孰爲不可也。歐峰閣下方嚴識。〔註232〕

按：歐陽詢〈八法〉一篇，前段以具體之物象形容楷書之點畫，與（傳）衛夫人〈筆陣圖〉一文中之七條「筆陣出入斬斫圖」頗多相似；〔註233〕後段論作書之態度、執筆之要領、下筆前之準備、字形之架構、用墨與用筆之重點，以及作品之神采。而文末有「歐峰閣下方嚴識」數語，明非歐陽詢所撰。故《書苑菁華》將歐陽詢〈八法〉列於「書法」篇末。

〔註232〕陳思，《書苑菁華》，卷二，頁 102～104。另，清・孫岳頒等，《佩文齋書畫譜》，卷三，頁 77～78，亦收此篇。而文字小異，如：「點畫調勻，上下均平，遞相顧揖」十二字，《佩文齋書畫譜》無；而別有「四面停勻，八邊俱備。短長合度，麤細折中。心眼準程，疏密敧正」二十四字。而「無令左短右長」一句，《書苑菁華》則缺「短」字。

〔註233〕張彥遠，《法書要錄》，卷一，頁 9。

四、虞世南〈書旨述〉

張彥遠《法書要錄》載虞世南〈書旨述〉論楷書云：

鍾太傅師資德昇，馳騖曹、蔡，倣學而致一體，眞楷獨得精研。而
前輩數賢，遞相矛盾，事則恭守無捨，儀則尚有瑕疵，失之斷割。
逮乎王廙、王洽、逸少、子敬，剖析前古，無所不工。八體六文，
必揆其理，俯於眾美，會茲簡易，制成今體，乃窮奧旨。〔註234〕

按：虞世南〈書旨述〉論楷書一段，自鍾繇之「眞楷獨得精研」，而至二
王之「制成今體」，簡述唐代楷書形成之過程。

五、虞世南〈筆髓論・釋眞〉

陳思《書苑菁華》載虞世南〈筆髓論・釋眞〉云：

筆長不過六寸，捉管不過三寸：眞一、行二、草三。指實掌虛。右
軍云：「書弱紙強筆，強紙弱筆。」強者弱之，弱者強之。遲速虛實，
若輪扁斷輪，不疾不徐，得之於心，應之於手，口不能言也。拂掠
輕重，若浮雲蔽於晴天；波擊勾截，若微風搖於碧海；氣如奔馬，
亦如朵鉤，輕重出於心，而妙用應乎手。然則體約八分，勢同章草，
而各有趣。無問巨細，皆有虛散，其鋒員毫蔉，按轉易也。豈眞書
一體，篆、草、章、行、八分等，當覆腕，上搶掠毫，下開牽撇，
撥　鋒轉。行草稍助指端鉤距轉腕之狀矣。〔註235〕

余紹宋《書畫書錄解題》將虞世南〈筆髓論〉列入「僞託」部分，而云：

案：虞永興有〈書旨述〉一篇，載張彥遠《法書要錄》，論篆、籀、
草、隸，文詞甚美。此編則僅言眞、行、草，殊無精義，文詞乖拙，
不類永興所爲；「勸學」之說，託於神靈，尤爲奇誕。其爲託名僞作，
蓋無疑也。〔註236〕

〔註234〕張彥遠，《法書要錄》，卷三，頁71；朱長文，《墨池編》，卷五，頁142；陳
思，《書苑菁華》，卷三，頁141～142；孫岳頌等，《佩文齋書畫譜》，卷一，
頁40；董浩等，《全唐文》卷一三八，頁616。彼此文字，互有小異。

〔註235〕陳思，《書苑菁華》，卷二，頁65～66；孫岳頌等，《佩文齋書畫譜》，卷五，
頁135～136；董浩等，《全唐文》卷一三八，頁616。其中「輕重出於心」一
句，《全唐文》作「變化出於心」。

〔註236〕余紹宋，《書畫書錄解題》，卷九，頁4下。

按：虞世南〈筆髓論・釋眞〉一篇，先論執筆，次論筆與紙之搭配、楷書點畫之狀、楷書與漢隸及章草之關係，並及於各體書之用筆。如余氏所考，實爲僞託；唯若「體約八分，勢同章草，而各有趣」，論楷書與漢隸及章草二種書體之關聯，亦不無見地。

六、唐太宗〈筆法訣〉

陳思《書苑菁華》載唐太宗〈筆法訣〉云：

> 夫欲書之時，當收視反聽，絕慮凝神，心正氣和，則契于玄妙。心神不正，字則攲斜；志氣不和，書必顚覆。其道同魯廟之器，虛則攲，滿則覆，中則正。正者，冲和之謂也。
>
> 大抵腕豎則鋒正，鋒正則四面勢全。次實指，指實則力均平。次虛掌，掌虛則運用便易。
>
> 爲點必收，貴緊而重。
>
> 爲畫必勒，貴澀而遲。
>
> 爲撇必掠，貴險而勁。
>
> 爲豎必努，貴戰而雄。
>
> 爲戈必潤，貴遲疑而右顧。
>
> 爲環必郁，貴蹙鋒而摠轉。
>
> 爲波必磔，貴三折而遣毫。
>
> 側不得平其筆。
>
> 勒不得臥其筆，須筆鋒先行。
>
> 努不宜直，直則失力。
>
> 趯須存其筆鋒，得勢而出。
>
> 策須仰策而收。
>
> 掠須筆鋒左出而利。
>
> 啄須臥筆而疾罨。
>
> 磔須戰筆外發，得意徐乃出之。
>
> 夫點要作稜角，忌于圓平，貴于變通。
>
> 合策處策，「年」字是也。
>
> 合勒處勒，「士」字是也。
>
> 凡橫畫，並上覆收，「士」字是也。

「三」須解磔，上平、中仰、下覆，「春」、「主」字是也。凡三畫須用之。

合掠即掠，「戶」字是也。

「彡」乃「形」「影」字右邊，不可一向爲之，須背下擊之。

「爻」須上磔衄鋒，下磔放出，不可雙出。

「多」字四擊，一縮，二少縮，三亦縮，四須出鋒。

巧在乎躑躅，則古秀而意深；拙在乎輕浮，則薄俗而直置。採摭菁能，芟薙蕪穢，庶近乎翰墨。脫專執自賢，關於師授，則眾病蜂起，衡鑑徒懸於闇矣。〔註237〕

按：唐太宗〈筆法訣〉一篇，先論書法之基本態度，即「冲和」之重要性；其次論執筆須「腕豎」、「實指」、「虛掌」；其次論點畫之運筆與搭配要訣；末了強調學書必當「採摭菁能」，切勿「專執自賢」。

七、李陽冰〈筆法〉

朱長文《墨池編》載李陽冰〈筆法〉云：

夫點不變謂之布碁，畫不變謂之布算，方不變謂之斗，圓不變謂之環。〔註238〕

按：李陽冰〈筆法〉一篇，論用筆當隨時而變化，即同爲點、畫、方、圓，亦當因位置或前後筆畫之關係而作不同之表現。

八、李華〈論書〉

陳思《書苑菁華》載李華〈論書〉云：

或有人示以文卷者中有〈小學說〉一篇，其略曰：「鴻文先生坐于堂上，手執經一卷，弟子以次立。先生講既已，而爲文焉，示于眾子，則不善書也。小學家流曰：『先生通儒也，而弗能字學，何哉？』鴻

〔註237〕陳思，《書苑菁華》，卷十九，頁705～709；孫岳頒等，《佩文齋書畫譜》，卷三，頁77；董浩等，《全唐文》卷十，頁48。篇中「貴三折而遺毫」一句，《書苑菁華》作「貴三折而遺豪」；篇末「關於師授」一句，《書苑菁華》作「關於師授」，並依《佩文齋書畫譜》改。《全唐文》題作「筆法論」，而至「貴三折而遺毫」結束，且文字小異。

〔註238〕朱長文，《墨池編》，卷三，頁91。

文先生方隱几，聞是言也，笑而召之，責曰：『夫儒之立身，以學乎？以書乎？苟其書，則孔子無以加也。且止云典籍，至是則無聞矣。爾徒學書，記姓名而已。已乎，已乎！』」華既覽之，心憤憤然，思有以喻之，故作論云。

夫六藝中，此為難事，人罕曉其奧。予非能也，亦嘗聞其旨。蓋用筆在乎虛掌而實指，緩衄而急送；意在筆前，字居筆後。其勢如舞鳳翔鸞，則其妙也。大抵字不可拙，不可巧，不可今，不可古，華質相半，可也。鍾、王之法，悉而備矣。近世虞世南深得其體，別有婉媚之態。凡云八法，學者悉善；予有二字之訣，至神之方，許謂「截、拽」也。苟善斯字，逸少、伯英，彼何人哉！噫，諒哉！書功之深，人之難能知也。是歟？曷可已乎？〔註239〕

　　按：李華〈論書〉一篇，自謂：因覽〈小學說〉載鴻文先生不善書，而謂學書僅在「記姓名而已」，儒者固當用心於典籍；「心憤憤然」，乃作論以明書道之奧旨。先敘用筆，次及結字，而以虞世南為深得鍾、王之體。末更提出「截、拽」二字訣。

九、顏眞卿〈筆法十二意〉

　　朱長文《墨池編》載顏眞卿〈筆法十二意〉云：

予罷秩醴泉，特詣東洛，訪金吾長史張公，請師筆法。長史於時在裴儆宅憩止一年。眾師張公求筆法，或有得者，皆曰「神妙」。僕頃在長安，或問筆法，張公皆大笑而已，或對之草書，或三紙五紙，皆乘興而散，不復有得其言者。僕自再遊洛下，相見眷然不替。僕因問裴儆：「足下師張長史，有何所得？」曰：「但書得絹素屏數十軸；亦嘗論請筆法，唯言：『倍加功學臨寫，書法當自悟耳！』」

僕自停裴家月餘日，因與裴儆從長史言話，散卻回京，師前請曰：「既蒙九丈獎愛，日月滋深，凤夜工勤，耽溺翰墨。儻得聞筆法要訣，終為師學，以冀至於能妙，豈任感戴之誠也。」長史良久不言，乃

〔註239〕陳思，《書苑菁華》，卷十六，頁754～755；孫岳頒等，《佩文齋書畫譜》，卷三，頁84。《佩文齋書畫譜》題作「唐李華〈二字訣〉」，標題之次行有「截、拽」二字。篇中，「示于眾子」一句，《書苑菁華》作「示于眾予」，依《佩文齋書畫譜》改。

左右盻視，拂然而起。僕乃從行，歸東竹林院小堂。張公乃當堂踞
床而坐，命僕居於小榻。乃曰：「筆法玄微，難妄傳授。非志士高人，
詎可與言要妙也？書之求能，且攻眞、草。今以授子，可須思妙。」

乃曰：「夫平謂橫，子知之乎？」僕思以對之曰：「嘗聞長史示，令
每爲一平畫，皆須令縱橫有象，此豈非其謂乎？」長史乃笑曰：「然。」

而又問曰：「直謂縱，子知之乎？」曰：「豈不謂直者必不令邪曲之
謂乎？」

曰：「均謂間，子知之乎？」曰：「嘗蒙示，以間不容光之謂乎？」

曰：「密謂際，子知之乎？」曰：「豈不謂築鋒下筆，皆令宛成，不
令其疏之謂乎？」

曰：「鋒謂末，子知之乎？」曰：「豈不謂末以成畫，使其鋒健之謂
乎？」

曰：「力謂骨體，子知之乎？」曰：「豈不謂趯筆則點畫皆有筋骨，
字體自然雄媚之謂乎？」

又曰：「輕謂曲折，子知之乎？」曰：「豈不謂鉤筆轉角，折鋒輕過，
亦謂轉角爲闇過之謂乎？」

又曰：「決謂牽掣，子知之乎？」曰：「豈不謂牽掣爲擊，決意挫鋒，
使不怯滯，令險峻而成，以謂之決乎？」

曰：「補謂不足，子知之乎？」曰：「豈不謂結構點畫，有失趣者，
則以別點畫旁救之謂乎？」

曰：「損謂有餘，子知之乎？」曰：「豈不謂趣長筆短，長使意勢有
餘，點畫若不足之謂乎？」

曰：「巧謂布置，子知之乎？」曰：「豈不謂欲書先預想字形，布置
令其平穩，或意外生體，令有異勢，是謂之巧乎？」

曰：「稱謂大小，子知之乎？」曰：「豈不謂大字蹙之令小，小字展
之使大，兼令茂密，所以爲稱乎？」

長史曰：「然。子言頗皆近之矣。夫書道之妙，煥乎其有旨焉。字外
之奇，言所不能盡。世之書者，宗二王，元常逸迹，曾不睥睨。筆
法之妙，遂爾雷同。獻之謂之『古肥』，旭謂之「今瘦」。古今旣殊，

肥瘦頗反。如自省覽，有異眾說。張芝、鍾繇，功趣精細，殆同神機；肥瘦古今，豈易致意？真迹雖少，可得而推。逸少至於學鍾，勢巧形密；及其獨運，意疎字緩。譬如楚音習夏，不能無楚。過言不愒，未爲篤論。又子敬之不逮逸少，猶逸少之不逮元常。學子敬者，畫虎也；學元常者，畫龍也。余雖不習，久得其道。不習而言，必慕之歟？儻著巧思，思盈半矣。子其勉之，工若精勤，悉自當妙。」

真卿前請曰：「幸蒙長史傳授筆法。敢問攻書之妙，如何得齊於古人？」張公曰：「妙在執筆，令其圓暢，勿使拘攣。其次識法，謂口傳手授之訣，勿使無度，所謂筆法也。其次在於布置，不慢不越，巧使合宜。其次紙筆精佳。其次變通適懷，縱捨揵奪，咸有規矩。五者備矣，然後能齊於古人。」曰：「敢問執筆之理，可得聞乎？」

長史曰：「予傳筆法，得之於老舅彥遠，曰：『吾昔學書，雖功深，奈何迹不至殊妙。後聞于褚河南曰：用筆當須如印泥畫沙。思之而不悟。後於江島，遇見沙平地靜，令人意悅欲書。乃偶以利鋒畫之。勁險之狀，明利媚好。自茲乃悟用筆如錐畫沙，使其藏鋒，畫乃沉著。當其用筆，常欲使其透過紙背，此功成之極矣。』真、草用筆，悉如畫沙，則其道至矣。如此，則其迹可久，自然齊於古人。但思此理，以專想工用，故其點畫不得妄動。子其書紳。」予逡巡再拜而退，自此得攻書之妙，于茲五年，真、草自知可成矣。〔註240〕

朱長文《墨池編》收錄此文，惟於《續書斷》則疑之，云：

世或以〈十二意〉謂君以傳顏者，是歟？非歟？〔註241〕

鄭杓《衍極》云：

〔註240〕 朱長文，《墨池編》，卷二，頁69～72。另，南宋·陳思，《書苑菁華》，卷十九，頁715～723；孫岳頒等，《佩文齋書畫譜》，卷三，頁82～84。《書苑菁華》與《佩文齋書畫譜》皆題作「述張長史筆法十二意」。三書所錄，文辭互異。如「非志士高人」，《墨池編》本作「非忘土高人」；「今以授子」，《墨池編》本作「今以授予」，皆有不通，並依《書苑菁華》本改正。至若「勢巧形密」，二本皆誤作「勢巧形容」，則依梁武帝〈觀鍾繇書法十二意〉改之，見：張彥遠，《法書要錄》，卷二，頁37。而「夫書道之妙」至「子其勉之」一段，《佩文齋書畫譜》無，則更顯精簡。又，自「字外之奇」至「思盈半矣」一段，抄自梁武帝〈觀鍾繇書法十二意〉，而文字小異。

〔註241〕 朱長文，《墨池編》，卷九，頁279。

> 顏魯公下問於長史，宜有異對；而獨以鍾書十二意，何邪？曰：發
> 之也。其曰「妙在執筆」，又曰「如錐畫沙，如印印泥」，書道盡矣。
> 〔註242〕

余紹宋《書畫書錄解題》將顏眞卿〈張長史筆法十二意〉列入「僞託」部分，
而云：

> 今案：其文實出僞託。張彥遠《法書要錄》載有梁武帝〈觀鍾繇書
> 法十二意〉，而不載此編；其所舉十二意及論元常、二王書一段，與
> 此編略同。彥遠唐人，與張、顏時代相距不遠，若魯公果有此編，
> 則梁武之文便爲僞託。彥遠豈無聞知，何至錄彼遺此？即此一端，
> 已足證此編之不足信。況此篇首尾俱屬空談，所謂「十二意」者，
> 僅就梁武所言，設爲問答，敷飾成文而已。假使魯公果有記述長史
> 傳授筆法之文，必有精義妙理，何至膚淺若是！〔註243〕

朱關田〈顏眞卿書迹考辨〉則以篇首「予罷秩醴泉」至「長使於時在裴
儆宅憩止一年」一段多誤，而云「斯爲後人僞托，或可無疑」。〔註244〕

按：顏眞卿〈筆法十二意〉一篇，前半部分主要就梁武帝〈觀鍾繇書法
十二意〉而申論之，後半部分則論攻書「得齊於古人」之條件，包括：執筆、
識法、布置、紙筆精佳、變通適懷五項。雖如余氏等所論，此篇「實出僞託」；
然仍有可取者，不至於「俱屬空談」。

十、顏眞卿〈永字八法頌〉

《全唐文》載顏眞卿〈永字八法頌〉云：

> 側蹲鴟而墜石，勒緩縱以藏機。弩灣環而勢曲，趯峻快以如錐。策
> 依稀而似勒，掠仿髴以宜肥。啄峻騰而速進，磔抑趙以遲移。〔註245〕

按：顏眞卿〈永字八法頌〉一篇，其文字與《書苑菁華》收錄〈永字八
法〉「訣一」之八句口訣極相近似。

〔註242〕鄭杓，《衍極》，卷三，收於：《宋元人書學論著》第八種。
〔註243〕余紹宋，《書畫書錄解題》，卷九，頁5上。
〔註244〕朱關田，《唐代書法考評》（杭州：浙江人民美術出版社，1992），頁263。
〔註245〕《全唐文》卷三三八，頁1518。

十一、張懷瓘〈書斷‧隸書〉

張彥遠《法書要錄》載張懷瓘〈書斷‧隸書〉云：

> 案：隸書者，秦下邽人程邈所造也。邈字元岑，始爲衙縣獄吏，得罪始皇，幽繫雲陽獄中。覃思十年，益大小篆方圓而爲隸書三千字，奏之，始皇善之，用爲御史。以奏事繁多，篆字難成，乃用隸字；以爲隸人佐書，故曰「隸書」。蔡邕〈聖皇篇〉云：「程邈刪古立隸文。」甄酆六書，其四曰「佐書」是也。秦造隸書，以赴急速，惟官司刑獄用之，餘尚用小篆焉。漢亦因循，至和帝時，賈魴撰〈滂喜篇〉，以〈蒼頡〉爲上篇，〈訓纂〉爲中篇，〈滂喜〉爲下篇，所謂「三蒼」也，皆用隸字寫之，隸法由茲而廣。酈道元《水經》曰：「臨淄人發古冢，得銅棺。前版外隱起爲字，言：『齊太公六世孫胡公之棺也。』唯三字是古，餘同今隸書，證知隸字出古，非始於秦時。」若爾，則隸法當先於大篆矣。案：胡公者，齊哀公之弟靖胡公也。五世六公，計一百餘年，當周穆王時也。又二百餘歲，至宣王之朝，大篆出矣。又五百餘載，至始皇之世，小篆出焉。不應隸書而效小篆。然程邈所造，書籍共傳；酈道元之說，未可憑也。

> 案：八分則小篆之捷，隸亦八分之捷。漢陳遵，字孟公，京兆杜陵人，哀帝之世，爲河南太守，善隸書，與人尺牘，主皆藏之以爲榮。此其開創隸書之善也。爾後鍾元常、王逸少各造其極焉。程邈，即隸書之祖。

> 贊曰：隸合文質，程君是先。乃備風雅，如聆管絃。長毫秋勁，素體霜妍。摧鋒劍折，落點星懸。乍發紅焰，旋凝紫煙。金芝瓊草，萬世方傳。〔註246〕

余紹宋《書畫書錄解題》針對張懷瓘〈書斷〉卷上云：

> 是編卷一敘十體書，各爲之贊。其敘各體原委，辨論頗精。十體之外，不取龜蛇麟虎諸體，以爲非關世要，實其高識。十體者，古文、大篆、籀文、小篆、八分、隸書、章草、行書、飛白、草書也。

〔註247〕

〔註246〕張彥遠，《法書要錄》，卷七，頁203～204；陳思，《書苑菁華》，卷六，頁233～236；孫岳頒等，《佩文齋書畫譜》，卷一，頁43～44。

〔註247〕余紹宋，《書畫書錄解題》，卷四，頁2上。

　　按：張懷瓘〈書斷・隸書〉一篇，首段引蔡邕之說，而謂隸書乃秦始皇帝時程邈所造，用於「官司刑獄」。次段評酈道元《水經》「隸字出古，非始於秦時」之說不可從。第三段論陳遵等三位隸書名家。末了並以贊語狀敘隸書之特色。

十二、張懷瓘〈六體書論・隸書〉

　　陳思，《書苑菁華》載張懷瓘〈六體書論・隸書〉云：

　　　　隸書者，程邈造也，字皆眞正，曰「眞書」。大率眞書如立，行書如行，草書如走。其於舉趣，蓋有殊焉。夫學草、行，分不一二；天下老幼，悉習眞書，而罕能至。其最難也。鍾繇法于大篆，措思神妙，得其古風；亦有不足，傷于踈瘦。王羲之比鍾繇，鋒芒峻勢，多所不及；於增損則骨肉相稱，潤色則婉態妍華，是乃過也。王獻之遠減於父鋒芒，往往直筆而已。鋒芒者，若犀象之有牙角，婉態者，若蛟龍之恣盤游。夫物，負陰而抱陽，書亦外柔而內剛。緩則乍纖，急則若滅。修短相異，岩谷相傾。嶮不至崩，危不至失，此其大異也。可謂元常爲兄，逸少弟，子敬爲息。〔註248〕

　　余紹宋《書畫書錄解題》針對張懷瓘〈六體書論〉云：

　　　　此爲懷瓘奏御之作。「六體」者，大篆、小篆、八分、隸書、行書、草書。〔註249〕

　　按：張懷瓘〈六體書論・隸書〉一篇，起首明謂其所謂之「隸書」即「眞書」。而眞書爲諸體之最難者，當世士子，十之八九皆學眞書，卻罕能造其極。唯有鍾繇與二王表現出色。

十三、張懷瓘〈玉堂禁經〉

　　朱長文《墨池編》載張懷瓘〈玉堂禁經〉云：

　　　　夫人工書，須從師授。必先識勢，乃可加功。功勢既明，則務遲澀。遲澀分矣，無繫拘跼。拘跼既亡，求諸變態。變態之旨，在於奮斫。奮斫之理，資於異狀。異狀之變，無溺荒僻。荒僻去矣，務於神彩。

〔註248〕陳思，《書苑菁華》，卷十二，頁 447～448；孫岳頒等，《佩文齋書畫譜》，卷六，頁 145～146。
〔註249〕余紹宋，《書畫書錄解題》，卷二，頁 1 下。

神彩之至，幾於玄微，則宕逸無方矣。設乃一向規矩，隨其工拙，以追肥瘦之體，疎密齊平之狀，過乃戒之於速，留乃畏之於遲，進退生疑，否臧不決，運用迷於筆前，震動惑於手下，若此欲速造玄微，未之有也。今論點畫偏旁、用筆向背，皆宗鍾元常、王逸少，兼遞代傳變，各有所由；備其軌範，並列條貫。

用筆法

夫書之為體，不可專執；用筆之勢，不可一概。雖心法古，而制在當時。

遲速之態，資於合宜。大凡筆法，點畫八體，備於「永」字。

側不得平其筆。勒不得臥其筆。弩不得直，直則無力。趯須踆其鋒，得勢而出。策須背筆仰而策之。掠須筆鋒左出而利。啄須臥筆疾罨。磔須趯筆戰行右出也。

八法起於隸字之始，後漢崔子玉，歷鍾、王已下，傳授所用。八體該於萬字，墨道最不可遽明。又先達八法之外，更相五勢，以備制度。

一曰鉤裹勢，須圓角而懺鋒，岡、閔、田字用之。

二曰鉤弩勢，須圓角而趯鋒，均、匀、旬、勿字用之。

三曰袞筆勢，須按鋒上下衄之，今、令字下點用之。

四曰儽筆勢，須堅策之，鍾法上字用之。

五曰奮筆勢，須峻策之，草書一、二、三字用之。

又有用筆腕下起伏之法，用則有勢，字無常形。

一曰頓筆，摧鋒驟衄是也，則弩法下腳用之。

二曰挫筆，挨鋒捷進，見綿頭下三點皆用之。

三曰馭鋒，直撞是，有點連物則名暗築，目、其是也。

四曰蹲鋒，緩毫蹲節，輕重有準，是「乙」、「一」等用之。

五曰踆鋒，駐筆下衄是也，夫子趯者，必先之，力、一是也。

六曰衄鋒，住鋒暗接是，烈火用之。

七曰趯鋒，緊御澀進，如錐畫石是也。

八曰按鋒，纍鋒虛闊，章草礫法用之。

九曰揭筆，側鋒平發，人、天腳是，如鳥爪形。

烈火異勢

从。此名烈火勢，出於正體書，於銘石時或用之。法以發勢潛築，迅懷而勁側，「从」字頭、「僉」字腳用之。

灬。此名各自立勢，勢則抵背潛衄，視之不見，考之則彰，乃鍾法，即繇白「然」字下是。爾後王逸少行之不息，隸用之。

灬。此名聯飛勢，似連綿相顧不絕。法以暗衄而微著，勢以輕揭而潛趯，乃右軍變於鍾法而參諸行法，則〈樂毅論〉燕字無字時或聞，爲後遵用，守而不替，至於今矣。

灬。此名布碁，俗勢凡拙，不可爲也。

散水異法

氵。此名遞相顯異。意以或藏或露，狀類不同。法以剛側而中偃，下潛挫而趯鋒，則右軍〈黃庭經〉、〈樂毅論〉用此也。

氵此名潛相矚視。外雖解摘，內則相附。此蓋鍾法。上以潛鋒暗衄，下以迅趯而捷遣。右軍遵用之，於眞隸常所爲之。

氵此行書，法以微按而餉揭，意以輕利而爲美。鍾、張、二王行書並用此法，又用此「氵」也。

乙。此草書，法以借勢捷遣而已矣。若失之以緩滯，即其爲病甚矣，不可不慎也。

勒法異勢

一。此名鱗勒。鱗勒之中，勢存仰策而收，無使芒角，芒角則失於遒潤矣。

王、鍾以下常用之。

丨。此名借勢。法以不仰策及鱗勒，但取古勁枯澀，無求銛利，則其妙也。右軍通變以避駢勢。夫爲眞隸，必先用之。

一。此名平布。凡俗不可用。

一。此名草法。勢以險策捷坐，鋒露飛動而已。

策變異勢

ハ𠆢。此名遞相顯異。何者而橫引，而不可一概，理資變，各狀殊工。法以上背筆仰策，下緊趯而覆收。則鍾書常用此，王逸少參而行之。

二。此名借勢。不務策勒，但取古澀而已。雖云古澀，用筆之意，不忘仰覆之理。

二。此名章草草書之勢。法以嶮策飛動。鍾、張、二王章草草書常用此法。

二。此名布筭，時俗所貴，非墨家之態，戒之。

三畫異勢

三。此名遞相解摘，何者？三畫用筆勢相類，不求變異則涉凡淺。
法以上
畫潛鋒平勒，中畫背筆仰策，下畫緊趯覆收。此蓋王法，則〈黃庭經〉「三門」「三」字用之。

三。此名遞相竦峙，蓋行書用之。法以上勒側而中策，下奮筆而橫飛。鍾、張、二王行草並依此法。

三。此名峭峻勢，亦草書之法，嶮利為勝。

三。此名畫卦勢，俗鄙不可用。

啄展異勢

人。此人、入等法。法以左罨略而迅利，右潛趯而戰行，行勢盡而微著，摘出而暗收。脫若便拋下，虞流滑則冥於凡淺。梁庾肩吾〈書論〉云：「將欲放而更留。」謂此。

人。此名交爭勢，蓋行草法也。法以衄鋒啄掣、捷速疾進為勢；若交急，意存力敵，若或失之於鈍滑，斯可慎也。陳沙門智永常用此法。

人。此名章草之法。法以潛按而微進，輕揭而暗收，趯之欲利，按之欲輕。輕則滑勁而神清，肥乃質滯而俗鈍。王蒙草善於此法。

乙腳異勢

乙。此名外略法，蹲鋒緊略，徐擲之。不欲速，速則失勢。略不欲

遲，遲則緩怯。此法蓋鍾法，稍涉於八分散隸，則歐陽詢守而不替。

乁。此名蠆毒法，法以引過其曲，微以輕蹲其鋒，又以徐收而趯之。不欲出，欲出則暗收如芒刺爲善。梁庾肩吾〈書論〉云：「欲挑還置。」謂駐鋒而後趯也。

乁。此名俗勢，愼勿爲之。

宀頭異勢

宀。此名若跱，夫上點旣駐筆坐鋒，左右亦須坐鋒，橫畫亦須坐筆。何者？

勢須順，戒在及異。則王書〈告誓〉「實」字之宀是也。

宀。此名各相顯異。上點旣側，橫畫則勒；左衄筆而擺鋒，右峻啄以輕揭。

則王書〈告誓〉「容」字之宀是也。

宀。此行書法。法以圓而飛動爲妙。

宀。此章草書之法。其於險側，務在露鋒，其於鉤裹，忌之緩滯。人不得法，則失之於忽微耳，切愼之。

倚戈異勢

乁。此名折芒勢。法以潛鋒緊趯，趯意盡乃潛收之，而趯挫之。鍾繇下哉字用是也。

乁。此名秃出。上下縮鋒，雖言縮鋒，亦須潛趯而頓衄，則虞世南常用斯法也。

乁。此名借勢。旣不潛趯而暗趯，法以勁利而捷遣，則虞少監、歐陽率更用此法也。

乁。此名背，趯時用之，蓋所以失之於前，正之於後。故右軍有言曰：「上俯而過矣，下衄勾而就之。」則〈告誓〉後「載」字是也。

頁腳異勢

頁。此狀上畫平勒而仰收，其次暗築而懱鋒，左右謂之鉤裹，其中布點相顧，以更稱美。夫以上竦之而仰策，則中偃而平收。夫以策而再竦，則左啄而右側，故鍾、張、二王應從頁而用之。

頁。此名斗折。不仰不策，點不偃不收，並謂之「壘塹」。張長史
名之「總檑」，非書家所爲也。

垂針異勢

丿。此名頓筆，〔註250〕以摧挫爲工，此乃古法，鍾元常守而不失，
改爲「垂露」。

亅。此名懸針。古無此法，右軍〈曲江序〉「年」字緣向下頓筆，「歲」
字三畫藏鋒，與「年」字頓相逼，遂改爲垂露頓筆直下垂針。後人
立懸針相承，遵此也。

結裏法

夫言抑左昇右者，圖、國、圓、同等字是也。

夫言舉左低右者，崇、豈、嵩等字是也。

夫言促左展右者，尚、勢、常、宣、寡等字是也。

夫言實左虛右之勢者，月、周、用等字是也。

夫言左右揭腕之勢者，令、人、入等字是也。

夫言一上下不齊之勢者，行、何、川等字是也。〔註251〕

夫言用鉤裏之勢者，罔、岡、白、田等字是也。

夫言欲挑還置之勢者，元、行、乙、寸等字是也。

夫言用鉤弩之勢者，均、勻、旬、勿等字是也。

夫言將欲放而更留者，人、入、木、火等字是也。

凡工書，點畫體理精玄，約象立名，究之可悟。豈不以點如利鑽鏤
金，畫似長錐界石，倣茲用筆，坐進千里。夫書，第一用筆，第二
識勢，第三裹束。三者兼備，然後爲書。苟守一途，即爲未得。夫
用筆，豈止於偏旁向背，〔註252〕其要在蹲馭起伏；識勢豈止於散水、
烈火，其要在權變改製；裹束豈止於虛實展促，其要歸於互出。曉
此三者，始可與言書。今作成頌，以盡精旨。詩曰：

〔註250〕「頓筆」朱長文《墨池編》作「頓筆之理」，依孫岳頒等《佩文齋書畫譜》改。
〔註251〕「等」字朱長文《墨池編》脫，依孫岳頒等《佩文齋書畫譜》補。
〔註252〕「豈止於」各本作「起止」，依下文改。

　　向展右肩，長伸左足。峻角一枝，潛虛半腹。已放則留，無垂不縮。，
　　分若抵背，合若並目。似側映斜，似斜附曲。覃精一字，工歸自得。
　　盈虛統視聯行，妙在相承起伏。〔註253〕

　　按：張懷瓘《玉堂禁經》一篇，起首強調學書「須從師授」。「先識勢」，
再「加功」，注意「務遲澀」，「無繫拘跼」，並「求諸變態」，而「無溺荒僻」。
然後「務於神彩」，而至「宕逸無方」。其後分別自「用筆法」與「結裹法」，
論「點畫偏傍用筆向背」之方。

十四、張懷瓘〈書訣〉

　　朱長文《墨池編》載張懷瓘〈書訣〉云：

　　刌紙易墨，心圓管直。漿深色濃，萬毫齊力。先臨〈告誓〉，次寫〈黃
　　庭〉。骨豐肉潤，入妙通靈。努如直槊，勒若橫釘。虛專妥帖，毆鬬
　　崢嶸。開張鳳翼，聳擢芝英。麤不爲重，細不爲輕。纖微向背，毫
　　髮死生。工之未盡，已擅時名。〔註254〕

　　按：張懷瓘〈書訣〉一篇，首論作書當講究筆、墨等用具，而臨習楷書，
當自王羲之〈告誓〉與〈黃庭經〉入手。點畫「骨豐肉潤」，結體「虛專妥帖」，
如此，必能擅名。

十五、張懷瓘〈論執筆〉

　　蘇霖《書法鈎玄》載張懷瓘〈論執筆〉云：

　　執筆亦有法，若執淺而堅，掣打勁利。掣三寸而一寸著紙，勢有餘
　　矣。若執筆深而束，牽三寸而一寸著紙，勢已盡矣。其故何也？筆
　　在指端則掌虛，運動適意，騰越頓挫，生氣在焉。筆居半則掌實，
　　如樞不轉掣，豈能自由？轉運迴旋，乃成稜角。筆既死矣，寧望字
　　之生動乎！〔註255〕

　　按：張懷瓘〈論執筆〉一篇，謂執筆當「執淺而堅」，如此，方能「運動
適意」，而寫出生動之字形。

〔註253〕朱長文《墨池編》，卷三，頁79～91；孫岳頒等《佩文齋書畫譜》，卷三，頁
　　　　86～89。篇末自「今作成頌，以盡精旨」以下，《佩文齋書畫譜》無。
〔註254〕朱長文，《墨池編》，卷三，頁91。
〔註255〕見：孫岳頒等《佩文齋書畫譜》，卷六，頁147引。

十六、柳宗元〈筆精賦〉

陶宗儀《書史會要》載柳宗元〈筆精賦〉云：

> 勒不貴臥，側常患平。努過直而力敗，趯當蹲而勢生。策仰收而暗揭，掠左出以鋒輕。啄倉皇而疾罨，磔趯趙以開撐。

且謂：

> 此永字八法，足以盡書法之妙矣。〔註256〕

按：柳宗元〈筆精賦〉一篇，論八法用筆之要訣，而為了押韻，將「側」、「勒」二法順序互換。唐人書論中有二篇與此近似者：其一，《墨池編》所收〈張長史傳永字八法〉，篇首口訣八句；其二，《書苑菁華》所收〈永字八法〉，篇末「訣二」口訣八句。唯前者之起首二句作「側不患平，勒不貴臥」，〔註257〕後者之起首二句作「側不愧臥，勒常患平」，〔註258〕皆不如〈筆精賦〉順當。

十七、盧雋〈臨池妙訣〉

陳思《書苑菁華》載盧雋〈臨池妙訣〉云：

> 吳郡張旭言：「自智永禪師過江，楷法隨渡。永禪師乃羲、獻之孫，得其家法，以授虞世南。虞傳陸柬之，陸傳子彥遠。彥遠，僕之堂舅，以授余。不然，何以知古人之詞云爾。」雋按：永禪師從姪纂，及孫渙，皆善書，能繼世。張懷瓘《書斷》稱：「上官儀師法虞公，過于纂矣。張志遜又纂之亞。」是則非獨專于陸也。王叔明〈書後品〉又云：「虞、褚同師于史陵。」陵蓋隋人也。旭之傳法，蓋多其人。若韓太傅滉、徐吏部浩、顏魯公真卿、魏仲犀；又傳蔣陸及從姪野奴二人。予所知者，又傳清河崔邈；邈傳褚長文、韓方明。徐吏部傳之皇甫閱；閱以柳宗元員外為入室，劉尚書禹錫為及門者言柳公，常未許為五。柳傳方少卿直溫，近代賀拔員外恭、寇司馬璋、李中丞戎與方，皆得明者。蓋書非口傳手授，而云能知，未之見也。

〔註256〕陶宗儀，《書史會要》，卷五，頁98。《全唐文》卷五八三，2609頁引作「《永字八法頌》」，而文字小異。末句「　趙」《書史會要》作「越趙」，依《全唐文》改。

〔註257〕朱長文，《墨池編》，卷三，頁92～93；孫岳頒等，《佩文齋書畫譜》，卷三，頁78。

〔註258〕陳思，《書苑菁華》，卷二，頁87。

小子蒙昧，常有心焉；而良師不遇，歲月久矣。天機懵然，因取〈翰林隱術〉、右軍〈筆勢論〉、徐吏部〈論書〉、竇臮〈字格〉、〈永字八法勢論〉，刪繁選要，以為其篇。〈繫辭〉言：「智者觀其象辭，思過半矣。」倘學者覃思於此，鍾繇、羲、獻，誠可見其心乎？

第一、用紙筆，

第二、認勢，

第三、裹束，

第四、真如立，行如行，

第五、草如走，

第六、上稀，

第七、中勻，

第八、下密。

用筆之法：拓大指，擫中指，歛第二指，拒名指，令掌心虛如握卵。此大要也。

凡用筆，以大指節外置筆，令動轉自在，然後奔頭微奔中中鉤筆拒亦勿令太緊。名指拒中指，小指拒名指。此細要也。皆不過雙苞，自然虛掌實指。〈永字論〉云：「以大指拓頭指鉤中指。」此蓋言單苞者。然必須氣脈均勻，拳心須虛；虛則轉側圓順。腕須挺起，粘紙則輕重失準。把筆淺深，在去祇遠近。遠則浮泛虛薄，近則搵鋒體重。

用水墨之法，水散而墨在，迹浮而稜斂，有若自然。紙剛則用軟筆，策掠按拂，制在一鋒。紙柔則用硬筆，袞努鉤磔，順成在指。純剛如以錐畫石，純柔如以泥洗泥，既不圓暢，神格亡矣。畫石及壁，同紙剛例，蓋相得也。〔註259〕

余紹宋《書畫書錄解題》針對盧雋〈臨池妙訣〉云：

是篇首敘書法傳授源流，自謂得永興家法。乃取〈翰林隱術〉、右軍〈筆勢論〉、徐吏部〈論書〉、竇臮〈字格〉、〈永字八法勢論〉，刪繁選要，以為其篇。為目有八：一用紙筆，二認勢，三裹束，四真如

〔註259〕陳思，《書苑菁華》，卷十九，第頁 709～714。

立，行如行，五草如走，六上稀，七中勻，八下密。今祇有用筆、
用墨三條，餘俱不詳，當爲殘闕之本。〔註260〕

　　按：盧雋〈臨池妙訣〉一篇，如余紹宋所論，「當爲殘闕之本」；唯文中
「自謂得永興家法」者，乃張旭而非盧雋；盧氏則自謂「良師不遇，歲月久
矣」，因取〈翰林隱術〉等前人著作，「刪繁選要，以爲其篇」。若「眞如立，
行如行，草如走」，論楷書、行書、草書運筆之遲速，已爲北宋蘇東坡所引用，
〔註261〕則此篇之價值，可見一斑。

十八、林韞〈撥鐙序〉

陳思《書苑菁華》載林韞〈撥鐙序〉云：

韞咸通末爲州刑掾，時盧陵盧肇罷南浦太守，歸宜春。公之文翰，
故海內知名，韞竊慕小學，因師於盧公。子弟安期歲餘，盧公忽相
謂曰：「子學吾書，但求其力爾。殊不知用筆之力，不在於力；用於
力，筆死矣。盧掌實指，指不入掌；東西上下，何所閡焉？常人云
『永字八法』，乃點畫爾。

拘於一字，何異守株？《翰林禁經》云：『筆貴饒左，書尚遲澀。』
此君臣之道也。大凡點畫不在拘之長短遠近，但無過其勢，俾令筋
骨相連，意在筆前，然後作字。若平直相似，狀如算子，此畫爾，
非書也。吾昔受教於韓吏部，其法曰『撥鐙』，今將授子，子勿妄傳。
推、拖、撚、拽是也。

訣盡於此，子其旨而味乎！」韞加以久罹戎事，筆硯多亡，終不能
窮其妙。

亦猶古之有得不死之術者，人將從學焉；未至，得術者物故。歎恨
不極，人或譏之曰：「彼尚不能自免，何恨之有耶？」客曰：「昔有
善算術者，臨終傳於子，終不能曉。乃傳於人，佗人盡其妙。彼何
妨得而不能演哉？」

〔註260〕余紹宋，《書畫書錄解題》，卷二，頁25上。
〔註261〕蘇軾〈書唐氏六家書後〉云：「近世稱善草書者，或不能眞、行，此大妄
　　　也。眞生行，行生草；眞如立，行如行，草如走。未有未能行、立而能走
　　　者也。」見：蘇軾，《東坡題跋》，卷四，世界書局，《宋人題跋》上冊，
　　　頁128。

愚雖受盧公之命，既不能自益其要妙，敢悋復傳於智者！〔註262〕

按：林韞〈撥鐙序〉一篇，《佩文齋書畫譜》標題作「唐林韞撥鐙四字法」；標題之次行有「推拖撚拽」四字，序前有「序曰」二字，序末又有「鐙，馬鐙也。蓋以筆管著中指、名指尖，令圓活易轉動。筆皆既直，則虎口間空圓如馬鐙也。足踏馬鐙淺則易轉運，手執筆管亦欲其淺，則易於撥動矣。」一段五十七字，〔註263〕蓋爲後人所加者。

另，朱長文《墨池編》載〈陸希聲傳筆法〉云：「古之善書，鮮有得筆法者。唐希聲得之，凡五字，曰：擫、押、鉤、格、抵。用筆雙鉤，即點畫遒勁而精妙矣，謂之撥鐙法。……江南後主得此法，書絕勁，復增二字曰『導、送』。」〔註264〕可與林韞撥鐙四字法相發明。

十九、佚名〈永字八法〉

陳思《書苑菁華》載〈永字八法〉云：

《禁經》云：「八法起於隸字之始，自崔、張、鍾、王傳授，所用該於萬字，墨道之最不可不明也。隋僧智永發其指趣，授於虞祕監世南，自茲傳授遂廣彰焉。」李陽冰云：「昔逸少工書多載，十五年中偏攻永字，以其備八法之勢，能通一切字也。」八法者，永字八畫是矣。

一、點爲側，

二、橫爲勒，

三、豎爲努，

四、挑爲趯，

五、左上爲策，

六、左下爲掠，

七、右上爲啄，

八、右下爲磔。

〈訣一〉

側蹲鴟而墜石，勒緩縱以藏機。努彎環而勢曲，趯峻快以如錐。策

〔註262〕陳思，《書苑菁華》，卷十六，頁618～620。

〔註263〕孫岳頒等，《佩文齋書畫譜》，卷三，頁91。

〔註264〕朱長文，《墨池編》，卷三，頁96。

依稀而似勒,掠彷彿以宜肥。啄騰凌而速進,磔抑趄以遲移。

〈訣二〉

側不愧臥,勒常患平。努過直而力敗,趯宜存而勢生。策仰收而暗揭,掠左出而鋒輕。啄倉皇而疾掩,磔趯趄以開撑。〔註265〕

側勢第一

側不得平其筆,當側筆就右爲之。〈口訣〉云:「先右揭其腕,次輕蹲其鋒。

取勢緊則乘機頓挫,借勢出之。疾則失中,過又成俗。夫側,鋒顧右,借勢而側之從勁。輕揭淺出,務於勒也。」

問曰:「側不言點而言側,何也?」

論曰:「謂筆鋒顧右,審其勢險而出之,故名側也。止言點,則不明顧右,無存鋒向背墜墨之勢。若左顧右側,則橫敵無力。故側不險,則失於鈍;鈍則芒角隱而書之神格喪矣。」筆訣云:「側者,側下其筆,使墨精暗墜,徐乃反揭,則稜利矣。」

勒勢第二

勒不得臥其筆,中高兩頭下,以筆心壓之。口訣云:「頭傍鋒仰策,次迅收。若一出揭筆不趯而暗收,則薄圓而疎,筆無力矣。夫勒,筆鋒似及於紙,須微進仰策峻趯。」

問曰:「勒不言畫而言勒,何也?」

論曰:「勒者,趯筆而行,承其虛畫,取其勁澀,則功成矣。今止言畫者,慮在不趯,一出便畫,則鋒拳而怯薄也。夫勒者,藉於緊趯,趯則筆勁澀,亡其流滑,微可稱工矣。〈筆訣〉云:『策筆須勒,仰筆覆收。』準此,則形勢自彰矣。」

努勢第三

努不宜直其筆,筆直則無力。立筆左偃而下,最須有力。又云:須發勢而卷筆,若折骨而爭力。口訣云:「凡傍卷微曲,蹙筆累走而進之,直則眾勢失力,滯則神氣怯散。夫努,須側鋒顧右,潛趯輕挫

〔註265〕陳思,《書苑菁華》,卷二,頁85～87;孫岳頒等,《佩文齋書畫譜》,卷三,頁78。

其揭。」

問曰：「畫者，中心豎畫也，今謂之努，何也？」論曰：「努者，勢微努曰努，在乎筆下行。若直置其畫，則形圓勢直，書之病也。〈筆訣〉云：『努筆之法，豎筆徐行，近左引勢，勢不欲直，直則無力矣。』」

趯勢第四

趯須蹲鋒得勢而出，出則暗收。又云：前畫卷則別斂心而出之。口訣云：「傍鋒輕揭借勢。勢不勁，筆不挫，則意不深。趯與挑一也，鋒貴於澀出，適出，期於倒收，所謂『欲挑還置』也。夫趯自努出，潛鋒輕挫，借勢而趯之。」

問曰：「凡字之出鋒謂之挑，今謂之趯，何也？」

論曰：「挑者，語之小異而其體一也。夫趯者，筆鋒去而言之。趯自努畫收鋒，豎筆潛勁，借勢而趯之。〈筆訣〉云：『即是努筆下殺筆趯起。』是也。法須挫衄轉筆出鋒，佇思消息，則神蹤不墜矣。」

策勢第五

策須斫筆背發而仰收，則背斫仰策也。兩頭高，中以筆心舉之。口訣云：「仰筆潛鋒，似鱗勒之法，揭腕趯勢於右。潛鋒之要，在畫勢暗捷歸於右也。夫策筆仰鋒豎趯，微勁勢峻顧於掠也。」

問曰：「策一名折異畫，今謂之策，何也？」

論曰：「策之與畫，理亦故殊。仰筆趯鋒，輕擡而進，故曰策也。若及紙便畫，不務遲澀向背偃仰者，此備畫究成耳。〈筆訣〉云：『始築筆而仰策，徐轉筆而成形。』是也。」

掠勢第六

掠者拂掠須迅，其鋒左出而欲利。又云：微曲而下筆心至卷處。口訣云：「撇過謂之掠。借於策勢，以輕注鋒，右揭其腕，加以迅出，勢旋於左。法在澀而勁，意欲暢而婉。遲留則傷於緩滯。夫側鋒左出謂之掠。」

問曰：「掠一名分發，今謂之掠，何也？」

論曰：「掠乃徐疾有準，手隨筆遣，鋒自左出，取勁險勁而爲杰。發則一出，運用無的。故掠之精旨可守矣。夫掠之筆趣，意欲留而必

勁。又孫過庭〈書譜〉云：『遣不常速。』明矣。〈筆訣〉云：『從策筆下，左出而鋒利不墜，則自然佳。』」

啄勢第七

啄者，如禽之啄物也。立筆下罨，須疾爲勝。又云：形似鳥獸，臥斫斜發，亦云：臥筆疾罨右出。口訣云：「右向左之勢爲卷啄，按筆蹲鋒，潛蹙於右，借勢收鋒，迅擲旋右，須精險衄去之，不可緩滯。夫筆鋒及紙爲啄，在潛勁而啄之。」

問曰：「撇之與啄，同出異名，何也？」

論曰：「夫撇者，蒙俗之言，啄者，因勢而立。故非妄飾，貽誤學者。啄用輕勁爲勝，去浮怯重體爲工，攻之遠源，或不妄耳。〈筆訣〉云：『啄筆速進，勁若鐵石，則勢成也。』」

磔勢第八

磔者，不徐不疾，戰而去，欲卷復駐而去之。又云：趯筆戰行，翻筆轉下而出筆磔之。口訣云：「右送之波，皆名磔。右揭其腕，逐勢緊趯，傍筆迅磔，盡勢輕揭而潛收，在勁迅得之。夫磔法，筆鋒須趯，勢欲險而澀，得勢而輕揭，暗收存勢，候其勢盡而磔之。」

問曰：「發波之法，今謂之磔，何也？」

論曰：「發波之法，循古無蹤。源其用筆，磔法爲徑。磔毫聳過，法存乎神，而磔之義明矣。凡磔，若左顧右，則勢鈍矣；趯重鋒緩，則勢肥矣。

須道勁而遲澀之。凡險勁風骨、泥滯存亡，以法師心，以志專本，則自然闇合旨趣矣。〈筆訣〉云：『始入筆，緊築而微抑，便下徐行，勢足而後磔之，其筆或藏鋒、出鋒，由心所好也。』」〔註266〕

余紹宋《書畫書錄解題》於〈永字八法並詳說〉下註曰「譔人不明」，〔註267〕而云：

永字之法，必唐時書家相傳已久。特至晚唐，始著於篇；慮人見疑，

〔註266〕陳思，《書苑菁華》，卷二，頁87～97；孫岳頒等，《佩文齋書畫譜》，卷三，頁 78～80。「努勢第三」之「畫者，中心豎畫也」句，原作「畫者，中心聚畫也」；依《書苑菁華》汪汝瑮注改。

〔註267〕余紹宋，《書畫書錄解題》，卷二，頁 7 上。

故託於古名家，以爲重耳。〔註268〕

又云：

〈詳說〉凡八節，言側、勒、努、趯、策、掠、啄、磔之勢，設爲
問答以論列之。……此法爲習正書之準則，〈詳說〉所論，頗爲明晰，
足資啓發童蒙之用。〔註269〕

　　按：〈永字八法〉一篇，乃前賢八法書論之彙編。首論八法之起源及其價
值；其次敘述八法之名目；並有八法之歌訣二種及〈永字八法詳說〉。〈訣一〉
或謂係顏眞卿〈八法頌〉，〈訣二〉或謂係柳宗元〈八法頌〉。〈永字八法詳說〉
於每法之後皆有「論曰」云云，以發明各法取名之用意與運筆之精微。足爲
學楷書者之憑藉。

二十、佚名〈張長史傳永字八法〉

　　朱長文《墨池編》載〈張長史傳永字八法〉云：

側不患平，勒不貴臥。努遇直而敗力，趯當存而勢生。策仰收而暗
揭，掠左出以鋒輕。啄倉皇而疾罨，磔越趯以開撐。丨。頓筆，先
縮鋒驟弩，令頓下衄之，其垂露、懸針即衄之餘勢。抽筆成懸針，
住筆成垂露也。一奮南寺者眞，一策。二其齊在，一勒。事子十，
一飛。不下可，一鱗勒。值使處使之。已上頓筆，并五畫軌則，先
賢口傳手授，不形紙墨，今特明之。

筆法門

（一）齧鐵門。此一門亦曰書之祖也，亦曰書之命也。又云乾坤清
氣。自古諸聖祕而不傳也。

（二）陰陽門。濃淡去住，內外肥瘦等。

（三）君臣門。內外、左右、上下，君須君，臣須臣，不得違背。

（四）向背門。向即俱向，背即俱背，不得一向一背。

（五）偏枯門。不得一邊眞，一邊草，一面大，一面小也。

（六）孤露門。肥瘦上下不等，名曰孤露，須得自在。

〔註268〕余紹宋，《書畫書錄解題》，卷二，頁8上。
〔註269〕余紹宋，《書畫書錄解題》，卷二，頁8上。

（七）石指玲瓏門。凡點筆，常迴避相觸也。

（八）停筆遲澀門。遲自遲，澀自澀，常欲令其透過紙背。

（九）通氣門。亦云通水。凡點畫內，令其通氣，不得塞也。

（十）顧答門。凡點畫字勢，常須相顧也。

九生法

一生筆。純毫爲心，薄覆，長短不過六寸，軟而復健。二生紙。新出篋者，暢潤受書。三生硯。用即著水，使畢須洗滌令乾淨。四生水。用新汲水。

五生墨。隨要用旋研，多研則泥滯。六生手。過或勢勞，須得腕健。七生目。欲寢適寤，不得眠眛，即眛須歇。八生神。凝念不令煩躁。九生景。

晴窗明曉。解此九生法，乃得名書也。

執筆五法

第一執筆。平腕雙苞，虛掌實指。世俗多愛單苞，則力不足，書無神氣。

第二簇筆。急疾稿草如此，聚五指，筆頭在其中心也。第三撮筆。大草圖幛要如此，五指聚筆頭也。第四握筆。以四指押筆於掌心，懸腕實肘。

諸葛亮倚柱書如此，後王僧虔學之非也。第五搦筆。二指節中搦之，非書家之事也。

徐曰：置筆於大指中節。當節，則礙其轉；拳指塞掌，則鈎滯不通。須輕健，拳指強者弱之，弱者強之。須藏鋒，須有勁健之狀。太急便成浮滑，浮滑則俗矣。細依前法，然始稱書，固古人作者矣。

又曰：看紙看文，或眞或草，須雄逸，須意態，預想難書，不得令臨時無法也。

從曰：蹤不得纇於跡，點不得小於畫。

又曰：遲不常留，遣不常疾。帶燥將潤，方濃遂枯。

又曰：未悟淹留，偏追迅疾。不能勁，反效遲。夫勁疾者，超逸之

機：遲重者，會美之致。因速不速，可臻會美之方；將遲不遲，頗契通神之妙。

先務能解，次及成就，既通筆法，咸在會同。豈可反古率今，即立爲妄動尤勤。此誠慕得名跡，深得知新，理在巧思，運用精妙。極蹲鋒鉤環拉。

尋師徐、崔二公，探賾偏能，時逢片琰。攻勒歲月，牽茹拔茅，能悟以源由，意未展精熟，咸以傳之。然以同昔志，故備書所報答諸友，寫前輩之錄，庶其未盡者，以俟於方明傳上，幸惟君志之，慎勿輕淺爾。〔註270〕

按：〈張長史傳永字八法〉一篇，《墨池編》無作者姓名，固知非張旭所撰。

廿一、佚名〈翰林密論二十四條用筆法〉

陳思《書苑菁華》載〈翰林密論二十四條用筆法〉云：

、，點法。口訣云：「作點向左以中指斜頓，向右以大指齊頓。作報答便以中指挫鋒，須收鋒在內，按筆而收之，衄側下其筆，含濡其鋒，摩輪簇心，然後收筆，慎在圓平。」〈禁經〉云：「點如利鑽鏤金。」是也。又，半蟻法，「宜」字上用之；爲避其傍點，又側下其筆，使墨精闇墜，徐乃反揚，則稜利矣。右軍云：「作點之法，皆須落落如大石當衢。」又云：「點不變爲布棋。」要變通也。又有「打點單以指送筆，似打物之勢」，甚難用也。

一，畫法。口訣云：「作橫畫皆用大指遣之。若作策法，即指櫑筆上。若作勒法，即用中指鉤筆澀進，覆畫以中指頓筆，然後以大指遣至盡處。此三勢相近，用法不同也。鱗勒法須仰收。」〈禁經〉云：「畫如長錐界石。」是也。又，緊走仰收，似長舟截小渚，兩頭勢起，

〔註270〕朱長文，《墨池編》，卷三，頁92～96。《王氏法書苑》收有〈筆法門〉一篇，與本篇「筆法門」一段文字小異，見：孫岳頒等，《佩文齋書畫譜》，卷三，頁84。另，陳思，《書苑菁華》，卷二，頁101～102收有〈翰林禁經九生法〉一篇，與本篇「九生法」一段文字小異。《書苑菁華》，卷二十，頁758～763收有韓方明〈授筆要說〉一篇，篇中自「第一執管」至「則非謂能也」一段，蓋爲本篇「執筆五法」至「不得令臨時無法也」一段之所本。而自「遲不常留」至「咸在會同」，與孫過庭〈書譜〉頗多相似。

使芒角不失，道潤借勢，不策不鱗勒，稍須收之，取古勁枯澀，無求活利。凡在字上宜用之。

偦筆法。初緊策，中擡鋒輕勁微勒，向右按衄。〈古經〉云：「鍾書〈宣示〉字長畫用之。」又云：「畫不變爲布算。」〈行草法〉云：「勢須嶮策，露鋒飛動爲勝。」

三，三畫法。口訣云：「上潛鋒平勒，中背筆仰策，下緊趯覆收，名遞相解摘。」〈古經〉云：「〈黃庭〉三關字用草法，上衄側，中策，下奮筆橫飛。名遞相聳峙，以嶮利爲勝。」

｜，懸針法。口訣云：「鋒須先發，管逐勢行，趯筆緊收澀進，如錐畫石。」〈禁經〉云：「懸針如長錐綴地。」是也。又，「契」下雙筆，須一弩一垂，變換用之。三勢不同，或垂、或趯、或外掠而中弩。右軍云：「懸針垂露難爲體制。」衛夫人云：「如萬歲枯藤。」〈臨池訣〉云：「懸針法〈蘭亭〉年字畫其勢也。」

｜，垂露法。口訣云：「鋒管齊下，勢盡殺筆縮鋒。」又，始築筆而極力，終注鋒而作弩。又，無垂不縮，此言頓筆以摧挫爲功。右軍云：「豎如筍抽寒谷。」是也。〈臨池訣〉云：「垂露本篆腳，名玉筯，如古釵倚物。」

乚，背抛法。口訣云：「蹲鋒緊掠徐擲之，速則失勢，遲則緩怯。」〈臨池訣〉云：「此鍾法，稍涉八分蠆毒法，引過其曲轉，蹲其鋒。又徐收而蹲，趯之不欲出。須闇收，使其如負芒刺則善。」右軍云：「援毫蹲即輕重有準。」是也。庾肩吾〈書論〉曰：「欲抛而還置。」謂駐鋒而後趯之也。

乀，抽筆法。口訣云：「左罨掠，須勁利，右潛趯而戰行。待勢卷而機駐，揭摘出而暗收。若便抛，必流滑凡淺。」又，側起平發，緊殺按波爲抽筆，從腹內起。庾肩吾〈書論〉曰：「將放更留。」又，「人」字第二筆云「攙引抑拽」是也。「夫」「木」等字亦同用。

乀，背趯法，又謂之戈法。口訣云：「悉以中指遣至盡處，以名指拒而趯之。」又，潛鋒闇勒，勢盡然後趯之。右軍背趯法戈法：「上則俯而過，下則曲而就。」蓋所以失之於前，正之於後也。〈古經〉云：「鍾書『哉』字用。」又，永禪師澀出戈法：「下以名指築上，

借勢以中指遣之至下，以名指衄鋒潛趯，此名『乀出法』。張旭折芒法：「潛鋒緊走，意盡乃收而趯之，鍾書常用也。」右軍云：「落千之法，峨峨如長松倚谿谷。」唐文皇：「爲戈必潤，貴遲疑而右顧。」是也。〈章草法〉：「潛按微進，輕揭闇趯。」夫揭欲利，按欲輕；輕則骨勁神清，肥乃質滯鈍俗。王濛能之。

氵，散水法。口訣云：「上衄側，中偃，下潛挫趯鋒。」〈古經〉云：「〈黃庭〉、〈樂毅論〉同用。」柳宗元〈筆精賦〉云：「水散幽縱，〈黃庭〉宗之。」是也。〈臨池訣〉云：「或藏或露，狀類不同。」意要遞相顯異。若頻有，則兩點相近，而下點當高。此名「潛相矚視」，外雖解摘，內相附屬爲上。中潛鋒闇衄，下駿趯潛遣，此蓋鍾法也。行書勢微按而鉤，揭以輕利爲美。

冫，冰法。口訣云：「上側覆殺，下築而趯之，須相承揖，若竝連，衄側輕揭，則「率」字左右用之。草法須借勢捷遣；若緩滯，則爲病也。」

灬，烈火法。口訣云：「衄鋒闇按。」〈臨池訣〉云：「須各自立勢，抵背潛衄，所謂『視之不見，考之彌彰。』」〈古經〉云：「鍾書『然』字用之。」

ㅆㅆ，聯飛法。口訣云：「闇衄微注，輕揭潛趯，筆鋒連縣，相顧不絕也。」〈禁經〉云：「聯飛如雁陣當秋。」是也。〈古經〉云：「〈樂毅論〉『燕』、『然』字用。」又，虞永興「兼」字用其半勢，蓋中斷也。

宀，顯異法。口訣云：「上點駐鋒，左右挫鋒，橫畫按筆，勢須相順。」〈古經〉云：「出〈告誓文〉。」又，上點側，橫畫勒，左擫筆擺鋒，右峻啄輕揭。出〈告誓〉「寶」字。虞永興常守之。行法以圓峻飛動爲美。章草法擬於圓峻飛動，其於嶮策，務在露鋒鉤裹，忌於緩滯也。

乀，平磔法。口訣云：「不遲不疾，戰筆側去。勢卷不可便出，須駐筆而後放。」〈禁經〉云：「磔磔如生蛇渡水。」是也。又，鍾元常每作磔筆，須三過折，故文皇云：「爲波必磔，貴三折而遣毫。」

ㄱ，勾裹法。口訣云：「圓角趯鋒而作努法，勢未盡而趯之。」顏

魯公云：「勾法用筆，如紙下行。」是也。「岡」、「罔」、「向」等字用。

フ，勾努法。口訣云：「圓角激鋒，待筋骨而成，要如武人屈臂。」右軍云：「迴角不用峻及有稜。」是也。衛夫人名之「勁努法」，「勺」、「匀」、「物」等字用。

八，奮筆法。口訣云：「左側而獨立，中衄揭而右鉤。」〈古經〉云：「鍾書〈宣示〉字下用。」若中豎則左右闇衄而潛趯。又，簇鋒捷進爲「系」字下三點也。

彡，衫法。口訣云：「上平點，中啄，下衄側。」

し，外擘法。口訣云：「左峻掠，中潛鋒衄挫，右蹲鋒外擲。」

丨，豎偄法。口訣云：「擡筆豎策挫鋒，上下緊直，『嘗』、『尚』等字中豎畫用。」

丷八，曾頭其腳法。口訣云：「左潛揭而右啄，『曾』頭用；左啄右側，則『其』腳用之。」

ニ，暗築法。口訣云：「馭鋒直衝，有點連衄，則名『暗築』，『月』、『其』字內兩點是也。」

弓，袞筆法。口訣云：「須按鋒上下蹙衄之，『令』、『今』等字是也。」

爻，縮出法。口訣云：「上磔衄鋒，下磔出之。」此八分法也，蓋避雙出也。又，「爻」字上縮鋒作努，下出鋒作趯。張云：「『爻』如束棘。」是也。〔註271〕

　　按：〈翰林密論二十四條用筆法〉一篇，論各種點畫之寫法，以及筆畫搭配之要訣，蓋亦彙集前賢之說而成，足爲學楷書者之憑藉。

〔註271〕陳思，《書苑菁華》，卷二，頁74～85；清‧孫岳頒等，《佩文齋書畫譜》，卷三，頁80～82。

第四章　唐代楷書與先前楷書字形系統之比較

　　與先前鍾、王的章程書或南北朝的魏碑等楷書相較，唐代的楷書中屬於大篆系統者相對減少，而屬於小篆系統者則相對增加。以下謹自唐代之前專行大篆系統、唐代之前專行小篆系統以及唐代之前兼行二篆系統三方面討論之。

第一節　唐代之前專行大篆系統之楷書

一、唐代之前專行大篆系統，唐代亦專行大篆系統者

（一）「字」字

甲骨文缺。

金文缺。

《說文解字》云：

　　𡪥，屋邊也，从宀、亏聲。《易》曰：「上棟下宇。」𡧪，籒文宇从禹。〔註1〕

　　「字」字楷書，唐代之前專行大篆系統，如：東晉王羲之〈蘭亭敘〉等皆作「字」，〔註2〕其下作「于」，末畫不屈折，源自甲骨文與金文「于」

〔註1〕丁福保，《說文解字詁林》，第六冊，頁655。
〔註2〕二玄社，《東晉王羲之蘭亭敘七種》，頁25。。

字，〔註3〕屬於大篆系統。唐代亦專行大篆系統，如：虞世南〈孔子廟堂碑〉等皆作「字」，〔註4〕末畫不屈折，與〈蘭亭敘〉同，屬於大篆系統；而〈昭仁寺碑〉作「寓」，〔註5〕其下作「禹」，則从籀文，亦屬於大篆系統。

（二）「走」字

甲骨文缺。

金文作「」、「」、「」、「」、「」……等形，〔註6〕前三形从夭、从止會意。「止」象左腳形，表行走義；「夭」上方橫向筆畫一高一低，象人兩臂上下擺動之形；〔註7〕第四形从夭、从辵；第五形从夭、从彳。其本義皆爲「疾趨」。

《說文解字》云：

走，趨也，从夭、止。〔註8〕

小篆「走」字上方之「夭」，除了兩臂高低擺動之外，頭部且向右偏側。

楷書「走」字，唐代之前專行大篆系統，如：〈崔混墓誌〉等作「走」，〔註9〕上段作「土」，實爲金文「夭」之隸化，屬於大篆系統；唐代亦專行大篆系統，如：顏眞卿〈多寶塔碑〉作「走」，〔註10〕上段作「土」，與〈元壽安墓誌銘〉同；〈昭仁寺碑〉作「走」，〔註11〕上段若「犬」，柳公權〈神策軍紀聖德碑〉作「走」，〔註12〕上段作「大」，蓋皆爲金文「夭」之訛變。要之，唐代楷書「走」字三種寫法，亦皆屬於大篆系統。

〔註3〕參見本書第一章第四節一之（三）。
〔註4〕二玄社，《唐虞世南孔子廟堂碑》，頁12；二玄社，《唐歐陽詢九成宮醴泉銘》，頁39；二玄社，《唐褚遂良孟法師碑》，頁7。
〔註5〕二玄社，《唐昭仁寺碑》，頁12。
〔註6〕容庚，《金文編》，第二・一五～二・一六，頁96～97。
〔註7〕劉熙《釋名・釋姿容》：「徐行曰步，疾行曰趨，疾趨曰走。」
〔註8〕丁福保，《說文解字詁林》，第二冊，頁1327。
〔註9〕禚效峰等，《漢隸魏碑字典》（長春：吉林文史出版社，2012），上卷，頁430；鄭聰明，《北魏隋墓誌銘字典》（臺北：蕙風堂筆墨公司出版部，2000），頁767。伏見冲敬，《書法大字典》（北京：華夏初版社，2004），下冊，頁2135。
〔註10〕二玄社，《唐顏眞卿多寶塔碑》，頁13。
〔註11〕二玄社，《唐昭仁寺碑》，頁36。
〔註12〕二玄社，《唐柳公權神策軍紀聖德碑》，頁36。

（三）「卑」字

甲骨文缺。

金文作「&#xFFFD;」、「&#xFFFD;」、「&#xFFFD;」、「&#xFFFD;」……等形。〔註13〕竊以爲：前二形倚左手而畫盾牌，本義爲「盾」，蓋即「牌」字初文；〔註14〕後二形从又，當是反書。其後假借爲卑賤字，乃另造从片、卑聲之「牌」字。

《說文解字》云：

&#xFFFD;，賤也，執事者，从、甲。〔註15〕

「卑」字楷書，唐代之前專行大篆系統，如：北魏〈劉根等造像〉等皆作「卑」，〔註16〕上部若「田」，其上無撇，源自金文，屬於大篆系統。唐代亦專行大篆系統，如：虞世南〈孔子廟堂碑〉等皆作「卑」，〔註17〕上部若「田」，與〈劉根等造像〉等相同，亦屬於大篆系統。

（四）「念」字

甲骨文缺。

金文作「&#xFFFD;」、「&#xFFFD;」、「&#xFFFD;」、「&#xFFFD;」……等形，〔註18〕皆从心、今聲；而聲符「今」之下方，或僅一橫，或作二橫。

《說文解字》云：

&#xFFFD;，常思也，从心、今聲。〔註19〕

「今」下方之第二橫，向下延長若「厂」。

「念」字楷書，唐代之前專行大篆系統，如：〈孫秋生造像記〉等作

〔註13〕容庚，《金文編》，第三・二六，頁184。

〔註14〕《康熙字典》引《正韻》云：「俗呼盾爲牌。」古之戰士多以左手持干盾而右手執戈劍，故「卑」字从左手。

〔註15〕丁福保，《說文解字詁林》，第三冊，頁1061。

〔註16〕禚效峰等，《漢隸魏碑字典》，上卷，頁582；伏見冲敬，《書法大字典》，上冊，頁268。

〔註17〕二玄社，《唐虞世南孔子廟堂碑》，頁21；二玄社，《唐歐陽詢九成宮醴泉銘》，頁19；文物出版社《唐顏眞卿書王琳墓誌銘》（北京：2005），頁13；二玄社，《唐顏眞卿多寶塔碑》，頁39；二玄社，《唐顏眞卿麻姑山仙壇記》，頁14。

〔註18〕容庚，《金文編》，第一〇・一五，頁596。

〔註19〕丁福保，《說文解字詁林》，第8冊，頁1125。

「念」，〔註20〕「今」之下方作二橫，源自金文，故屬於大篆系統。唐代亦專行大篆系統，如：歐陽詢〈九成宮醴泉銘〉等作「念」，〔註21〕與〈孫秋生造像記〉等相同，亦源自金文，屬於大篆系統。

（五）「哉」字

甲骨文缺。

金文作「𢦏」、「哉」、「𢦏」……等形，〔註22〕第一形不從「口」，第二形左上「才」作若「十」，第三形則「才」之末筆作點。

《說文解字》云：

哉，言之閒也，从口、𢦏聲。〔註23〕

「哉」字楷書，唐代之前專行大篆系統，如：北魏〈元診墓誌〉等作「𢦏」，〔註24〕北魏〈司馬景和妻墓誌〉等作「哉」，〔註25〕，其左上之「才」皆作若「十」，源自金文第二形，屬於大篆系統。唐代亦專行大篆系統，如：〈昭仁寺碑〉等作「𢦏」，〔註26〕其左上之「才」皆作若「十」，與〈元診墓誌〉或〈司馬景和妻墓誌〉相同，亦屬於大篆系統。

〔註20〕二玄社，《北魏龍門二十品》，下冊，9、11、12；禚效峰等，《漢隸魏碑字典》，上卷，頁593。

〔註21〕二玄社，《唐歐陽詢九成宮醴泉銘》，頁40；二玄社，《唐顏師古等慈寺碑》，頁27、49；上海書畫出版社，〈薛稷信行禪師碑〉，47、49；二玄社，《唐魏栖梧善才寺碑》，頁28；二玄社，《唐顏眞卿多寶塔碑》，頁40、48；二玄社，《唐顏眞卿麻姑山仙壇記》，頁15；上海書畫出版社，《顏眞卿元次山碑》，頁92；大眾書局，《柳公權書金剛經》，頁4、5、16、24、25、26、27、28、29-2、51、64、89-2、95-2、100-2、101-2。

〔註22〕容庚，《金文編》，第二‧九，頁84。

〔註23〕丁福保，《說文解字詁林》，第二冊，頁1183。

〔註24〕禚效峰等，《漢隸魏碑字典》，上卷，頁651；鄭聰明，《北魏隋墓誌銘字典》，頁188～189；伏見冲敬，《書法大字典》，上冊，頁358～359。

〔註25〕禚效峰等，《漢隸魏碑字典》，上卷，頁651；鄭聰明，《北魏隋墓誌銘字典》，頁188～189；伏見冲敬，《書法大字典》，上冊，頁358～359。

〔註26〕二玄社，《唐昭仁寺碑》，頁9、11、37、49、53、67、75；二玄社，《唐褚遂良孟法師碑》，頁8；二玄社，《唐褚遂良雁塔聖教序》，頁17；二玄社，《唐魏栖梧善才寺碑》（東京，1989），頁31、33；文物出版社，《唐顏眞卿書王琳墓誌銘》，頁14。

二、唐代之前專行大篆系統，唐代專行小篆系統者

（尚未覓得此項例字。）

三、唐代之前專行大篆系統，唐代兼行二篆系統者

（一）「岡」字

甲骨文缺。

金文作「岡」，〔註27〕從山、冈聲。

《說文解字》云：

岡，山脊也，從山、网聲。〔註28〕

「岡」字楷書，唐代之前專行大篆系統，如：王羲之〈洛神賦〉作「岡」，〔註29〕從山、冈聲；〈謝鯤墓誌〉作「岡」，〔註30〕其上作「罒」，乃「冈」之隸化，〈洛神賦〉與〈謝鯤墓誌〉「岡」字寫法，皆源自金文，故屬於大篆系統。唐代則兼行二篆系統，如：〈五經文字〉作「岡」，〔註31〕從山、冈聲，與〈洛神賦〉同，亦屬於大篆系統。若顏真卿〈麻姑山仙壇記〉作「岡」，〔註32〕從山、网聲，源自《說文解字》，則屬於小篆系統。

（二）「皆」字

甲骨文作「皆」、「皆」、「皆」……等形，〔註33〕舊以為不識之字，商承祚根據秦故道殘詔版「皆」字上從「虤」，而將上舉甲骨文諸字釋作「皆」。〔註34〕

金文作「皆」，〔註35〕或「皆」，〔註36〕前者從从、從甘，會意；後者上段從上虍下月，下段從甘。

〔註27〕容庚，《金文編》，第九‧一四，頁553。
〔註28〕丁福保，《說文解字詁林》，第八冊，頁35。
〔註29〕王羲之，《洛神賦》（北京：中國書店，1998），頁17。
〔註30〕禚效峰等，《漢隸魏碑字典》，上卷，頁462。
〔註31〕伏見冲敬，《書法大字典》，上冊，頁647。
〔註32〕二玄社，《唐顏真卿麻姑山仙壇記》，頁46。
〔註33〕李宗焜，《甲骨文字編》，中冊，頁602～603；另，下冊，頁1335，亦收有或體「皆」字。
〔註34〕古文字詁林編纂委員會，《古文字詁林》，第四冊，頁24。
〔註35〕容庚，《金文編》，卷四‧五，頁224。
〔註36〕古文字詁林編纂委員會，《古文字詁林》，第四冊，頁23。

《說文解字》云：

🔲，俱詞也，从比、从白。〔註37〕

「皆」字楷書，唐代之前專行大篆系統，如：北魏〈鄭文公下碑〉等作「皆」，〔註38〕其下若「曰」，源自甲骨文與金文，故屬於大篆系統。唐代則兼行二篆系統，如：虞世南〈孔子廟堂碑〉等作「皆」，〔註39〕其下若「曰」，與〈鄭文公下碑〉等相同，亦屬於大篆系統；若顏眞卿〈麻姑山仙壇記〉等作「皆」，〔註40〕其下从「白」，源自《說文解字》，則屬於小篆系統。

（三）「習」字

甲骨文作「習」、「習」、「習」、「習」，〔註41〕上方之「羽」，乃「彗」字初文。〔註42〕甲骨文「習」字蓋从日、彗聲，本義爲「暴乾也」，即「熭」字初文。〔註43〕

金文缺。

《說文解字》云：

🔲，數飛也，从羽、从日。〔註44〕

「習」字楷書，唐代之前專行大篆系統，如：北魏〈姬氏墓誌〉等作「習」，〔註45〕其下从「日」，源自甲骨文，故屬於大篆系統。唐代則兼行二篆系統，

〔註37〕丁福保，《說文解字詁林》，第四冊，頁144。
〔註38〕禚效峰等，《漢隸魏碑字典》，上卷，頁672；鄭聰明，《北魏隋墓誌銘字典》，頁590。。
〔註39〕二玄社，《唐虞世南孔子廟堂碑》，頁12、24；二玄社，《唐歐陽詢九成宮醴泉銘》，頁13、29；二玄社，《唐歐陽詢化度寺碑／溫彥博碑》，頁45；二玄社，《唐褚遂良雁塔聖教序》，頁6；二玄社，《唐魏栖梧善才寺碑》，頁23、25；顏眞卿，《郭虛己碑》（天津：人民美術社，2011），頁87、94；二玄社，《唐顏眞卿多寶塔碑》，頁47、64；上海書畫出版社，《顏眞卿元次山碑》，頁65、89、93。
〔註40〕二玄社，《唐顏眞卿麻姑山仙壇記》，頁22、28、42、60；二玄社，《唐顏眞卿顏氏家廟碑》，上冊，頁13、90；大眾書局，《柳公權書金剛經》，頁8、18、20、21、23、37、57、60、63、65、76、84、114；二玄社，《唐柳公權玄祕塔碑》，頁20、25、35、37、43。
〔註41〕李宗焜，《甲骨文字編》，中冊，頁692～693。
〔註42〕李宗焜，《甲骨文字編》，中冊，頁691～692。
〔註43〕唐蘭說，見：古文字詁林編纂委員會，《古文字詁林》，第四冊，頁52。
〔註44〕丁福保，《說文解字詁林》，四冊，頁165。「从羽、从曰」，一本作「从羽、从白」，一本作「从羽、白聲」。
〔註45〕鄭聰明，《北魏隋墓誌銘字典》，頁663；伏見冲敬，《書法大字典》，下冊，頁1772。

如虞世南〈孔子廟堂碑〉等作「習」，〔註46〕其下从「日」，與〈姬氏墓誌〉

等相同，亦屬於大篆系統；若薛稷〈信行禪師碑〉或作「習」，〔註47〕其下

从「白」，源自《說文解字》，則屬於小篆系統。

（四）「景」字

甲骨文缺。

金文缺。

《說文解字》云：

景，光也，从日、京聲。〔註48〕

「景」字楷書，唐代之前專行大篆系統，如：北魏〈張猛龍碑〉等作「景」，

〔註49〕北魏〈鄭文公下碑〉等作「景」，〔註50〕二者中段皆若「日」，源自甲

骨文與金文「京」字，故屬於大篆系統。唐代則兼行二篆系統，如：虞世南

〈孔子廟堂碑〉等作「景」，〔註51〕中段若「日」，與〈張猛龍碑〉等相同；

褚遂良〈伊闕佛龕碑〉等作「景」，〔註52〕中段若「日」，而「京」上縱向筆

畫省去，與〈鄭文公下碑〉等相同；鍾紹京〈靈飛經〉等作「景」，〔註53〕

〔註46〕二玄社，《唐虞世南孔子廟堂碑》，頁34；二玄社，《唐歐陽詢化度寺碑／溫彥
博碑》，頁17；二玄社，《唐褚遂良雁塔聖教序》，頁17；二玄社，《唐歐陽通
道因法師碑》，頁16、20、36；二玄社，《唐顏真卿多寶塔碑》，頁38；顏真
卿，《畫贊碑》，頁37；二玄社，《唐顏真卿麻姑山仙壇記》，頁48；上海書畫
出版社，《顏真卿元次山碑》（上海，2001），頁51；二玄社，《唐顏真卿顏氏
家廟碑》，上冊，頁86。

〔註47〕上海書畫出版社，《薛稷信行禪師碑》（上海，2014），頁19、36、66。

〔註48〕丁福保，《說文解字詁林》，第六冊，頁41。

〔註49〕禚效峰等，《漢隸魏碑字典》，下卷，頁923；鄭聰明，《北魏隋墓誌銘字典》，
頁438；伏見冲敬，《書法大字典》，上冊，頁1058。

〔註50〕禚效峰等，《漢隸魏碑字典》，下卷，頁923；鄭聰明，《北魏隋墓誌銘字典》，
頁438；伏見冲敬，《書法大字典》，上冊，頁1058。

〔註51〕二玄社，《唐虞世南孔子廟堂碑》，頁16、26、31；二玄社，《唐昭仁寺碑》，
頁18、24、41、61、63；二玄社，《唐歐陽詢化度寺碑／溫彥博碑》，頁22；
二玄社，《唐歐陽詢九成宮醴泉銘》，頁10、37；二玄社，《唐顏師古等慈寺碑》，
頁38、79；二玄社，《唐褚遂良房玄齡碑》，頁5、29；二玄社，《唐歐陽通道
因法師碑》，頁24、38；二玄社，《唐道因法師碑／泉男生墓誌銘》，頁47、
66；二玄社，《唐薛曜夏日遊石淙詩》，頁78、82、89。

〔註52〕二玄社，《唐褚遂良伊闕佛龕碑》，頁63；二玄社，《唐褚遂良孟法師碑》，頁
7、15。

〔註53〕李伍強、李國強，《唐人小楷精選》（南昌：江西美術出版社，2012），頁17、

「日」省作「口」，固爲避唐睿宗之名諱而缺筆，〔註 54〕下段作「京」，三者亦皆屬於大篆系統；若顏眞卿〈多寶塔碑〉作「景」，〔註 55〕上方之「日」缺筆作「口」，而「京」之中段若「口」；顏眞卿〈顏氏家廟碑〉作「景」，〔註 56〕二者之「京」字中段皆若「口」，源自《說文解字》「京」字，則屬於小篆系統。

（五）「魯」字

甲骨文作「魯」、「魯」、「魯」……等形，〔註 57〕上「魚」下「口」。按：「魚」與「魯」古音同在第五部，〔註 58〕甲骨文「魯」字當是从口、魚聲，其本義爲「鈍詞」。

金文作「魯」、「魯」、「魯」、「魯」、「魯」……等形，〔註 59〕前三形从口、魚聲，第三形魚尾與口相連，下若「白」；第四、第五形則「口」中加短橫，衍爲从甘、魚聲。

《說文解字》云：

> 魯，鈍詞也，从白、魚聲。《論語》曰：「參也魯。」〔註 60〕

「魯」字楷書，唐代之前專行大篆系統，如：〈和君墓誌〉等作「魯」，〔註 61〕北魏〈鄭文公下碑〉等則作「魯」，〔註 62〕下方皆若「日」，源自金文第五形，屬於大篆系統。唐代則兼行二篆系統，如：虞世南〈孔子廟堂碑〉等作「魯」，〔註 63〕下方皆若「日」，與〈和君墓誌〉或〈鄭文公下碑〉等相

18、20：2、22、23、24：2、27、28、29、31、32；伏見冲敬，《書法大字典》，上冊，頁 1058。
〔註 54〕參見本書前言之二「旦」字下。
〔註 55〕二玄社，《唐顏眞卿多寶塔碑》，頁 23。
〔註 56〕二玄社，《唐顏眞卿顏氏家廟碑》，下冊，頁 68。
〔註 57〕李宗焜，《甲骨文字編》，中冊，頁 656。
〔註 58〕許愼著、段玉裁注，《說文解字注》（臺北：藝文印書館，1974），頁 830。
〔註 59〕容庚，《金文編》，第四・六，頁 225～226。
〔註 60〕丁福保，《說文解字詁林》，第四冊，頁 145。
〔註 61〕禚效峰等，《漢隸魏碑字典》，下卷，頁 933；鄭聰明，《北魏隋墓誌銘字典》，頁 893～894。
〔註 62〕禚效峰等，《漢隸魏碑字典》，下卷，頁 933。
〔註 63〕二玄社，《唐虞世南孔子廟堂碑》，頁 8、11、13；二玄社，《唐褚遂伊闕佛龕碑》，頁 53、79；二玄社，《唐褚遂良孟法師碑》，頁 7、17；二玄社，《唐褚

同，亦屬於大篆系統；若顏眞卿〈顏氏家廟碑〉等作「魯」，〔註64〕下方從「白」，源自《說文解字》，則屬於小篆系統。

第二節　唐代之前專行小篆系統之楷書

南北朝時，亦有若干人主張依《說文解字》等字書，訂正文字，故當時楷書乃有後世所不採用之小篆系統者。另，南北朝楷書亦有承襲漢隸之小篆系統者。

一、唐代之前專行小篆系統，唐代亦專行小篆系統者

（一）「冬」字

甲骨文作「𐅤」或「𐅥」，〔註65〕戴家祥謂「象束絲終端有結」。〔註66〕本義爲「絿絲」，〔註67〕乃「終」字初文；借爲秋冬字。

金文作「𐅦」，〔註68〕從日、初文終聲。

《說文解字》云：

冬，四時盡也，從仌、從夂，夂，古文終字。𠔵，古文冬從日。

〔註69〕

「冬」字楷書，唐代之前專行小篆系統，如：〈張猛龍碑〉等皆作「冬」，〔註70〕從仌、初文終聲，源自《說文解字》小篆之寫法，屬於小篆系統。唐

遂良房玄齡碑》，頁 32；二玄社，《唐顏眞卿顏勤禮碑》，頁 6、12、70；顏眞卿，《大唐中興頌》（南寧：廣西美術出版社，2010），頁 27；上海書畫出版社，《顏眞卿元次山碑》，頁 4、15、78；二玄社，《唐顏眞卿顏氏家廟碑》，上冊，頁 95。

〔註64〕二玄社，《唐顏眞卿顏氏家廟碑》，上冊，頁 10、19、23、52、56；下冊，頁 39、76。

〔註65〕李宗焜，《甲骨文字編》，中冊，頁 757。

〔註66〕古文字詁林編纂委員會，《古文字詁林》，第九冊，頁 312 引《金文大字典》中。

〔註67〕丁福保，《說文解字詁林》，第十冊，頁 575。

〔註68〕容庚，《金文編》，第一一・八，頁 618。

〔註69〕丁福保，《說文解字詁林》，第 9 冊，頁 731。

〔註70〕禚效峰等，《漢隸魏碑字典》，上卷，頁 265；鄭聰明，《北魏隋墓誌銘字典》，頁 123。

代亦專行小篆系統，如：褚遂良〈孟法師碑〉等皆作「冬」，〔註71〕與〈張猛龍碑〉等相同，亦屬於小篆系統。

（二）「牢」字

甲骨文作「牢」、「牢」、「牢」、「牢」、「牢」、「牢」……等形，〔註72〕前三形倚牛而畫欄圈；後三形則倚羊而畫欄圈。蓋爲同一字。〔註73〕

金文作「牢」或「牢」，〔註74〕倚牛或羊而畫欄圈。

《說文解字》云：

牢，閑養牛馬圈也，从牛、冬省，取其四周帀也。〔註75〕

「牢」字楷書，唐代之前專行小篆系統，如：北魏〈鄭文公下碑〉等皆作「牢」，〔註76〕上從穴，顏元孫《干祿字書》謂係「牢」之俗字。〔註77〕按：「牢」字，東漢〈韓仁銘〉隸書作「牢」，〔註78〕上從穴，蓋「穴」與「宀」事類相近，故作偏旁或可通用；〔註79〕而源自小篆之寫法，屬於小篆系統；唐代亦專行小篆系統，如：〈孔穎達碑〉等皆作「牢」，〔註80〕上從宀，源自小篆之寫法，亦屬於小篆系統。

（三）「夜」字

甲骨文缺。

金文作「夜」、「夜」、「夜」、「夜」、「夜」……等形，〔註81〕前三形皆從夕、亦聲，唯第二形後者之「亦」但有一指事符號，第三形之「夕」作若

〔註71〕李志賢等編著，《中國正書大字典》，頁161。
〔註72〕李宗焜，《甲骨文字編》，中冊，頁801～807。
〔註73〕鄭聰明，《北魏隋墓誌銘字典》，頁263。
〔註74〕容庚，《金文編》，第二·五，頁76。
〔註75〕丁福保，《說文解字詁林》，第二冊，頁1065。
〔註76〕禚效峰等，《漢隸魏碑字典》，上卷，頁491；鄭聰明，《北魏隋墓誌銘字典》，頁263。
〔註77〕施安昌，《顏真卿書干祿字書》，頁27。
〔註78〕二玄社，《漢韓仁銘／夏承碑》（東京，1981），頁17。
〔註79〕魏碑从宀之字多有从穴者，如：宇、宙、宜、寢、窳、寰、寵……等字是。見：伏見冲敬，《書法大字典》，上冊，頁552～603。
〔註80〕二玄社，《唐顏師古等慈寺碑》，頁60；二玄社，《唐孔穎達碑》，頁64；二玄社，《唐顏真卿顏氏家廟碑》，下冊，頁86。
〔註81〕容庚，《金文編》，第七·一二，頁415。

「月」，〔註82〕而「亦」但有一指事符號；第四、第五形皆从夕、大聲，唯第五形之「夕」作若「月」。

《說文解字》云：

夜，舍也，天下休舍，从夕、亦省聲。〔註83〕

「夜」字楷書，唐代之前專行小篆系統，如：〈李明府墓誌〉等作「夜」，〔註84〕从夕、亦聲，且「亦」但有一指事符號，源自金文第二形與《說文解字》小篆之寫法，屬於小篆系統。唐代專行小篆系統，如：〈昭仁寺碑〉等作「夜」，〔註85〕「亦」但有一指事符號，與〈李明府墓誌〉等相同，亦屬於小篆系統。

（四）「貞」字

甲骨文作「𪔂」、「𪔂」、「𪔂」、「𪔂」、「貞」……等形，〔註86〕前四形假借「鼎」字為之，第五形始加「卜」為形符。

金文作「𪔂」或「貞」，〔註87〕从卜、鼎聲；第二形之「鼎」已訛作「貝」，而為小篆所本。

《說文解字》云：

貞，卜問也，从卜、貝；貝以為贄。一曰：鼎省聲，京房所說。〔註88〕

「貞」字楷書，唐代之前專行小篆系統，如：南朝宋〈爨龍顏碑〉等皆作「貞」，〔註89〕卜下若「貝」，源自金文第二形以及《說文解字》，屬於小篆系統。唐代亦專行小篆系統，如：歐陽詢〈九成宮醴泉銘〉等作「貞」，〔註90〕

〔註82〕大篆「夕」亦作若「月」，「月」亦作若「夕」，見：本書前言。

〔註83〕丁福保，《說文解字詁林》，第六冊，頁254。

〔註84〕禚效峰等，《漢隸魏碑字典》，上卷，頁599；鄭聰明，《北魏隋墓誌銘字典》，頁223。

〔註85〕二玄社，《唐昭仁寺碑》，頁55、72；二玄社，《唐歐陽詢皇甫誕碑》，頁46；二玄社，《唐褚遂良孟法師碑》，頁16；二玄社，《唐褚遂良雁塔聖教序》，頁46；二玄社，《唐顏真卿多寶塔碑》，頁10、13、16、19、31。

〔註86〕李宗焜，《甲骨文字編》，下冊，頁1055～1063。

〔註87〕容庚，《金文編》，第三・三八，頁208。

〔註88〕丁福保，《說文解字詁林》，第三冊，頁1299。

〔註89〕禚效峰等，《漢隸魏碑字典》，上卷，頁330；鄭聰明，《北魏隋墓誌銘字典》，頁759～760。

〔註90〕二玄社，《唐歐陽詢九成宮醴泉銘》，頁7、41；二玄社，《唐褚遂良孟法師碑》，

與〈爨龍顏碑〉等相同，亦屬於小篆系統。

（五）「福」字

甲骨文缺；唯有「畐」字作「畐」或「畐」。〔註91〕

金文作「畐」、「福」、「福」、「福」、「璸」……等形，〔註92〕第一形假借「畐」字為之；第二、第三形加「示」為形符，而第三形「畐」之上方作左右兩斜曲筆畫；第四形於「福」上加「宀」；第五形則於第四形上增「玉」。

《說文解字》云：

福，備也，从示、畐聲。〔註93〕

「福」字楷書，唐代之前專行小篆系統，如：北魏〈魏靈藏造像記〉等作「福」，〔註94〕南朝宋〈爨龍顏碑〉等作「福」，〔註95〕前者右上作一撇一橫，源自金文第三形；唯二者右旁「田」上皆作「口」，實源自《說文解字》小篆，屬於小篆系統。唐代專行小篆系統，如：顏師古〈等慈寺〉作「福」，〔註96〕與〈魏靈藏造像記〉相同；歐陽詢〈九成宮醴泉銘〉等作「福」，〔註97〕與〈爨龍顏碑〉相同，二者右旁「田」上皆作「口」，亦屬於小篆系統。

頁 24；二玄社，《唐褚遂良雁塔聖教序》，頁 30、51；二玄社，《唐歐陽通道因法師碑》，頁 24、38；二玄社，《唐顏真卿顏勤禮碑》，頁 26。

〔註91〕李宗焜，《甲骨文字編》，中冊，頁 831。

〔註92〕容庚，《金文編》，第一・四，頁 39～40。

〔註93〕丁福保，《說文解字詁林》，第二冊，頁 75。

〔註94〕禚效峰等，《漢隸魏碑字典》，下卷，頁 988；鄭聰明，《北魏隋墓誌銘字典》，頁 611～612。

〔註95〕禚效峰等，《漢隸魏碑字典》，下卷，頁 988；鄭聰明，《北魏隋墓誌銘字典》，頁 611～612。

〔註96〕二玄社，《唐顏師古等慈寺碑》，頁 59；二玄社，《唐褚遂良雁塔聖教序》，頁 11、28、33、43；張旭〈嚴仁墓誌〉，第 15 行第 9 字，見：樊有升、李獻奇，〈洛陽新出土張旭楷書《嚴仁墓誌》〉（北京：文物出版社，《書法叢刊》，1992 年第 4 期，第 13 至 23 頁）；大眾書局，《柳公權書金剛經》，頁 11、22 之 2、23、86 之 4。

〔註97〕二玄社，《唐歐陽詢九成宮醴泉銘》，頁 37；二玄社，《唐歐陽詢化度寺碑／溫彥博碑》，頁 5、10；二玄社，《唐歐陽通道因法師碑》，頁 50；二玄社，《唐道因法師碑／泉男生墓誌銘》，頁 58；二玄社，《唐薛曜夏日遊石淙詩》，頁 60；二玄社，《唐顏真卿多寶塔碑》，頁 7、15 兩見、16；顏真卿，《大唐中興頌》，頁 144；大眾書局，《柳公權書金剛經》，頁 10、14、16、21、22 之 1、之 3、36、37 兩見、59、86 之 1～3、87 兩見、94、103 三見、104、112；二玄社，《唐柳公權玄祕塔碑》，頁 15、28。

二、先唐專行小篆系統，唐代專行大篆系統者

（尚未覓得此項例字）

三、先唐專行小篆系統，唐代兼行二篆系統者

（尚未覓得此項例字）

第三節　唐代之前兼行二篆系統之楷書

一、唐代之前兼行二篆系統，唐代亦兼行二篆系統者

（一）「章」字

甲骨文缺。

金文作「$\mathbf{章}$」、「$\mathbf{章}$」、「$\mathbf{章}$」、「$\mathbf{章}$」、「$\mathbf{章}$」……等形，〔註98〕前三形象圓形玉珮之形，即「璋」字初文；〔註99〕後二形則於上橫之上加一短橫。

石鼓文作「$\mathbf{章}$」，〔註100〕原先貫串玉珮之中央豎畫只剩上下兩小截。而爲《說文解字》所本。

《說文解字》云：

　　$\mathbf{章}$，樂竟爲一章，从音、从十；十，數之終也。〔註101〕

「樂竟爲一章」乃其假借義；若「从音、从十」云云，則是根據訛變之形而作說解。

　　「章」字楷書，唐代之前兼行二篆系統，如〈嬪侯骨氏墓誌〉等作「$\mathbf{章}$」，〔註102〕或〈始平公造像〉等作「$\mathbf{章}$」，〔註103〕中豎貫穿中段之「日」，屬於

〔註98〕容庚，《金文編》，第三・九，頁150。

〔註99〕李孝定云：「金銘章字皆用爲璋，疑章黃即璋璜之象形；……而其字形又與後世禮家所說璋璜之制不合。」見：《金文詁林讀後記》（臺北：中央研究院歷史語言研究所，1982），卷三，頁67。

〔註100〕二玄社，《周石鼓文》（東京，1981），頁30。

〔註101〕丁福保，《說文解字詁林》，第三冊，頁753。

〔註102〕禚效峰等，《漢隸魏碑字典》，下卷，頁874；鄭聰明，《北魏隋墓誌銘字典》，頁627～628。

〔註103〕禚效峰等，《漢隸魏碑字典》，下卷，頁874；鄭聰明，《北魏隋墓誌銘字典》，頁627～628。

大篆系統；若南朝宋〈爨龍顏碑〉等作「章」，〔註104〕「从音、从十」，則屬於小篆系統。唐代亦兼行二篆系統，如：虞世南〈孔子廟堂碑〉等作「章」，〔註105〕中豎貫穿中段之「曰」，與〈嬪侯骨氏墓誌〉等相同，屬於大篆系統；若虞世南〈孔子廟堂碑〉另處等作「章」，〔註106〕「从音、从十」，與〈爨龍顏碑〉等相同，則屬於小篆系統。

（二）「專」字

甲骨文作「 」、「 」、「 」、「 」、「 」、「 」……等形，〔註107〕前四形从又、叀聲；末二形則从廾、叀聲。本義當爲「以手圓之也」，〔註108〕即「摶」字初文。〔註109〕

金文缺。

《說文解字》云：

專，六寸簿也，从寸、叀聲。一曰：專，紡專。〔註110〕

「專」字楷書，唐代之前兼行二篆系統，如：北魏〈鄭文公下碑〉等作「專」，〔註111〕中段無「厶」，屬於大篆系統；若北魏〈司馬顯姿墓誌〉作「專」，〔註112〕中段有「厶」，則屬於小篆系統。唐代亦兼行二篆系統，

〔註104〕禚效峰等，《漢隸魏碑字典》，下卷，頁874；鄭聰明，《北魏隋墓誌銘字典》，頁627～628。

〔註105〕二玄社，《唐虞世南孔子廟堂碑》，頁7，兩見；二玄社，《唐陸柬之文賦／蘭亭詩》，頁22；二玄社，《唐裴鏡民碑／孔穎達碑》，頁72、79。

〔註106〕二玄社，《唐虞世南孔子廟堂碑》，頁14、31；二玄社，《唐歐陽詢化度寺碑／溫彥博碑》，頁38；二玄社，《唐歐陽詢皇甫誕碑》，頁15；二玄社，《唐褚遂良房玄齡碑》，頁14；二玄社，《唐歐陽通道因法師碑》，頁13、52；二玄社，《唐道因法師碑／泉男生墓誌銘》，頁56、61；顏眞卿《王琳墓誌銘》，頁21；二玄社，《唐顏眞卿多寶塔碑》，頁11、34、48；二玄社，《唐顏眞卿麻姑山仙壇記》，頁21；二玄社，《唐顏眞卿顏氏家廟碑》，上冊，頁99；下冊，頁75；大眾書局，《柳公權書金剛經》，頁15。

〔註107〕李宗焜，《甲骨文字編》，下冊，頁1277。

〔註108〕丁福保，《說文解字詁林》，第九冊，頁1332段注本。

〔註109〕馬敍倫云：「專爲摶之初文，从寸、叀聲。」見：古文字詁林編纂委員會，《古文字詁林》，第三冊，頁593。

〔註110〕丁福保，《說文解字詁林》，第三冊，頁1163。

〔註111〕禚效峰等，《漢隸魏碑字典》，上卷，頁113；鄭聰明，《北魏隋墓誌銘字典》，頁284。

〔註112〕禚效峰等，《漢隸魏碑字典》，上卷，頁113；鄭聰明，《北魏隋墓誌銘字典》，

如：歐陽詢〈溫彥博碑〉等作「專」，〔註113〕與〈鄭文公下碑〉相同，屬於大篆系統；若虞世南〈孔子廟堂碑〉等作「專」，〔註114〕與〈司馬顯姿墓誌〉相同，則屬於小篆系統。

（三）「既」字

甲骨文作「」、「」、「」、「」、「」……等形，〔註115〕李孝定謂「栔文象人食已，顧左右而將去之也」。〔註116〕

金文作「」、「」、「」、「」、「」……等形，〔註117〕前四形與甲骨文近似；第五形从簋之初文、从邑，从邑蓋為从旡之訛變。〔註118〕

石鼓文作「」，〔註119〕。

《說文解字》云：

，小食也，从皀、旡聲。《論語》曰：「不使勝食既。」〔註120〕

「既」字楷書，唐代之前兼行二篆系統，如：南朝宋〈爨龍顏碑〉等作「既」，〔註121〕其左旁上方無點或短撇，源自，甲骨文與金文，屬於大篆系統；若北魏〈韓顯宗墓誌〉作「既」，〔註122〕其左旁上方加點，則屬於小篆系統。唐代亦兼行二篆系統，如：〈昭仁寺碑〉作「既」，〔註123〕或歐陽詢

頁 284。

〔註113〕二玄社，《唐歐陽詢化度寺碑／溫彥博碑》，頁 43；二玄社，《唐歐陽通道因法師碑／泉男生墓誌銘》，頁 49；二玄社，《唐顏真卿顏勤禮碑》，頁 50；上海書畫出版社，《顏真卿元次山碑》，頁 84。

〔註114〕二玄社，《唐虞世南孔子廟堂碑》，頁 10；二玄社，《唐歐陽通道因法師碑》，頁 37；二玄社，《唐顏真卿顏氏家廟碑》，上冊，頁 81。

〔註115〕李宗焜，《甲骨文字編》，下冊，頁 1083。

〔註116〕李孝定，《甲骨文字集釋》，第五，頁 1751～1752。

〔註117〕容庚，《金文編》，第五・二五，頁 313～314。

〔註118〕林潔明認同李孝定對甲骨文「既」字之說解，見：周法高等，《金文詁林》，卷五下，頁 3314。

〔註119〕二玄社，《周石鼓文》，頁 10（3）、46（2）、47、48。

〔註120〕丁福保，《說文解字詁林》，第五冊，頁 30。

〔註121〕禚效峰等，《漢隸魏碑字典》，上卷，頁 754；鄭聰明，《北魏隋墓誌銘字典》，頁 419。

〔註122〕伏見冲敬，《書法大字典》，下冊，頁 1022。

〔註123〕二玄社，《唐昭仁寺碑》，頁 10、31、45。

〈九成宮醴泉銘〉等作「𣢲」，〔註124〕其左旁上方無點或短撇，與〈爨龍顏碑〉等相同，屬於大篆系統；若顏眞卿〈顏勤禮碑〉作「𣢲」，〔註125〕其左旁上方與〈韓顯宗墓誌〉相同，則屬於小篆系統。

（四）「會」字

甲骨文作「𣄰」，〔註126〕象有蓋、圈足之青銅器形；即「鐀」字初文，顧鐵符疑爲「食器」。〔註127〕後世多借爲會合字。

金文作「𣄰」、「𣄰」、「𣄰」、「𨭉」、「𨭉」……等形，〔註128〕前三形象有蓋、雙耳圈足之食器形；〔註129〕末二形加「金」爲形符。

《說文解字》云：

會，合也，从亼从曾省；曾，益也。〔註130〕

「會」字楷書，唐代之前兼行二篆系統，如：南朝宋〈爨龍顏碑〉等作「**會**」，〔註131〕「亼」下若「由」；或〈中嶽嵩高靈廟碑〉等作「**會**」，〔註132〕「亼」

〔註124〕二玄社，《唐歐陽詢九成宮醴泉銘》，頁 19、21、29；二玄社，《唐歐陽詢化度寺碑／溫彥博碑》，頁 37、42、47；二玄社，《唐顏師古等慈寺碑》，頁 29、60；二玄社，《唐褚遂伊闕佛龕碑》，頁 29、32、79；二玄社，《唐褚遂良孟法師碑》，頁 13、18；二玄社，《唐歐陽通道因法師碑》，頁 27、42、52；二玄社，《唐歐陽通道因法師碑／泉男生墓誌銘》，頁 48、65；二玄社，《唐薛曜夏日遊石淙詩》，頁 10；二玄社，《唐魏栖梧善才寺碑》，頁 30；二玄社，《唐張旭郎官石記》，頁 35；二玄社，《唐顏眞卿多寶塔碑》，頁 14、32；藝術圖書公司，《畫贊碑》，頁 64；二玄社，《唐柳公權玄祕塔碑》，頁 29。

〔註125〕二玄社，《唐顏眞卿顏勤禮碑》，頁 42；二玄社，《唐顏眞卿麻姑山仙壇記》，頁 9、18；上海書畫出版社，《顏眞卿元次山碑》，頁 61；二玄社，《唐顏眞卿顏氏家廟碑》，上冊，頁 14、77；二玄社，《唐柳公權玄祕塔碑》，頁 13、40；二玄社，《唐柳公權神策軍紀聖德碑》，頁 31。

〔註126〕李宗焜，《甲骨文字編》，上冊，頁 253。

〔註127〕見：古文字詁林編纂委員會，《古文字詁林》，第五冊，頁 404，張日昇引顧說。

〔註128〕容庚，《金文編》，第五・二九，頁 321。

〔註129〕陝西周原扶風文管所，〈周原發現師同鼎〉：「會在西周時期是一器名。」見：古文字詁林編纂委員會，《古文字詁林》，第五冊，頁 405。

〔註130〕丁福保，《說文解字詁林》，第五冊，頁 147。

〔註131〕禚效峰等，《漢隸魏碑字典》，上卷，頁 369；鄭聰明，《北魏隋墓誌銘字典》，頁 448。

〔註132〕禚效峰等，《漢隸魏碑字典》，上卷，頁 369；鄭聰明，《北魏隋墓誌銘字典》，頁 448。

下若「田」；或〈元懷墓誌〉等作「會」，〔註133〕「亼」下若「囚」，三者皆源自甲骨文與金文，屬於大篆系統。若〈崔鴻墓誌〉等作「會」，〔註134〕源自《說文解字》，則屬於小篆系統。唐代亦兼行二篆系統，如：虞世南〈孔子廟堂碑〉等作「會」，〔註135〕「亼」下若「由」，與〈爨龍顏碑〉等相同；或〈昭仁寺碑〉等作「會」，〔註136〕「亼」下若「田」，與〈中嶽嵩高靈廟碑〉等相同，皆屬於大篆系統。若顏眞卿〈多寶塔碑〉作「會」，〔註137〕與〈崔鴻墓誌〉等相同，則屬於小篆系統。

（五）「興」字

甲骨文作「𦥑」、「𦥑」、「𦥑」、「𦥑」……等形，〔註138〕前二形从廾或𦥑、从凡；蓋一人雙手或二人四手擡起銅盤。後二形則又增口。商承祚謂：「則舉重物邪許之聲。」〔註139〕馬敍倫謂：「興當訓舉也，即掀之初文。」〔註140〕

金文作「𦥑」、「𦥑」、「𦥑」、「𦥑」……等形，〔註141〕前三形皆从𦥑、从凡，而第一形之手有五指，且凡之中央爲實心；第二形之手作三指，凡

〔註133〕禚效峰等，《漢隸魏碑字典》，上卷，頁369；鄭聰明，《北魏隋墓誌銘字典》，頁448。

〔註134〕禚效峰等，《漢隸魏碑字典》，上卷，頁369。

〔註135〕二玄社，《唐虞世南孔子廟堂碑》，頁34；二玄社，《唐褚遂良雁塔聖教序》，頁50；二玄社，《唐歐陽通道因法師碑》，頁36；二玄社，《唐張旭／古詩四帖／郎官石記／肚痛帖》，頁35；二玄社，《唐顏眞卿顏勤禮碑》，頁53；二玄社，《唐顏眞卿顏氏家廟碑》，上冊，頁99；下冊，頁32。

〔註136〕二玄社，《唐昭仁寺碑》，頁63；二玄社，《唐褚遂良房玄齡碑》，頁31；二玄社，《唐魏栖梧善才寺碑》，頁19；二玄社，《唐顏眞卿多寶塔碑》，頁20、25；二玄社，《唐柳公權玄祕塔碑》，頁18、20、52；二玄社，《唐柳公權神策軍紀聖德碑》，頁11。

〔註137〕二玄社，《唐顏眞卿多寶塔碑》，頁20。

〔註138〕李宗焜，《甲骨文字編》，下冊，頁1152～1154。

〔註139〕古文字詁林編纂委員會，《古文字詁林》，第三冊，頁236。楊樹達則謂：「眾手合舉一物，初舉時必令齊一，不容有先後之差，故必由一人發令命眾人同時並作，字从口者蓋以此。」見：古文字詁林編纂委員會，《古文字詁林》，第三冊，頁237。楊說針對从二人四手之「興」字尚可通；若一人二手之「興」字，則商承祚「邪許」之說固較可從。

〔註140〕古文字詁林編纂委員會，《古文字詁林》，第三冊，頁237。

〔註141〕容庚，《金文編》，第三・一四，頁160。

之中央則爲空心；第三形之手作三指，凡作三橫；第四形从舁、从凡、从口。

《說文解字》云：

興，起也，从舁、从同；同力也。〔註142〕

「興」字楷書，唐代之前兼行二篆系統，如：北魏〈張猛龍碑〉等作「興」，〔註143〕上段中央若「月」，源自甲骨文第二形以及金文前三形，〔註144〕屬於大篆系統；若〈崔鴻墓誌〉作「興」，〔註145〕上段中央作「同」，源自《說文解字》，則屬於小篆系統。唐代亦兼行二篆系統，如：歐陽詢〈皇甫誕碑〉等作「興」，〔註146〕上段中央若「月」，與〈張猛龍碑〉等相同，屬於大篆系統；若虞世南〈孔子廟堂碑〉等作「興」，〔註147〕上段中央作「同」，與〈崔鴻墓誌〉相同，則屬於小篆系統。

二、唐代之前兼行二篆系統，唐代專行大篆系統者

（一）「享」字

甲骨文「享」、「享」、「享」……等形，〔註148〕李孝定云：「吳大澂氏謂象宗廟之形，其說是也。本爲祭享之所，引申而有祭享之義，遂爲動詞。」〔註149〕

金文作「享」、「享」、「享」、「享」、「享」、「享」、「享」……等形，〔註150〕

〔註142〕丁福保，《說文解字詁林》，第三冊，頁834。
〔註143〕禚效峰等，《漢隸魏碑字典》，上卷，頁 392～393；鄭聰明，《北魏隋墓誌銘字典》，頁 686～687。
〔註144〕「凡」作文字部件或隸化若「月」，如「前」字下段左旁是。
〔註145〕禚效峰等，《漢隸魏碑字典》，上卷，頁 392；鄭聰明，《北魏隋墓誌銘字典》，頁 686～687。
〔註146〕二玄社，《唐歐陽詢皇甫誕碑》，頁 36、49；二玄社，《唐顏師古等慈寺碑》，頁 74；二玄社，《唐歐陽通道因法師碑》，頁 27；二玄社，《唐歐陽通道因法師碑／泉男生墓誌銘》，頁 62；二玄社，《唐薛曜夏日遊石淙詩》，頁 64。
〔註147〕二玄社，《唐虞世南孔子廟堂碑》，頁 3、10、15、24、30；二玄社，《唐褚遂良雁塔聖教序》，頁 12；顏眞卿，《大唐中興頌》，頁 141；上海書畫出版社，《顏眞卿元次山碑》，頁 92。
〔註148〕李宗焜，《甲骨文字編》，中冊，頁 737。
〔註149〕李孝定，《金文詁林讀後記》，卷五，頁 215
〔註150〕容庚，《金文編》，第五・三四，頁 331～334。

前六形「象宗廟之形」；第七形與「畐」金文或體混同。

《說文解字》云：

，獻也，从高省、曰象孰物形。《孝經》曰：「祭則鬼享之。」

〔註151〕

「享」字楷書，唐代之前兼行二篆系統，如：〈菅氏夫人墓碑〉等作「享」，

〔註152〕「子」上有左右豎畫連接上下之部件，源自甲骨文與金文，屬於大篆系統。若〈崔鴻墓誌〉等作「享」，〔註153〕「子」上若「口」，源自《說文解字》，則屬於小篆系統。唐代則專行大篆系統，如：歐陽詢〈九成宮醴泉銘〉等作「享」，〔註154〕「子」上有左右豎畫連接上下之部件，與〈菅氏夫人墓碑〉等相同，屬於大篆系統。

（二）「制」字

甲骨文缺。〔註155〕

金文作「」，〔註156〕其左旁第二組斜曲筆畫向下，與「未」字之向上者不同。

《說文解字》云：

，裁也，从刀、未；未，物成有滋味可裁斷。一曰止也。，

古文制如此。〔註157〕

按：「制」與「未」古音同屬第十五部，〔註158〕「制」字當是从刀、未聲。

「制」字楷書，唐代之前兼行二篆系統，如：〈陳叔毅修孔廟碑〉等作

〔註151〕丁福保，《說文解字詁林》，第五冊，頁251。

〔註152〕禚效峰等，《漢隸魏碑字典》，上卷，頁598；鄭聰明，《北魏隋墓誌銘字典》，頁53。

〔註153〕禚效峰等，《漢隸魏碑字典》，上卷，頁598。

〔註154〕二玄社，《唐歐陽詢九成宮醴泉銘》，頁20；二玄社，《唐柳公權神策軍紀聖德碑》，頁24。

〔註155〕李孝定，《甲骨文字集釋》，第四，頁1533，收一「制」字；唯「影本不晰」，未知是否。

〔註156〕古文字詁林編纂委員會，《古文字詁林》，第四冊，頁569。

〔註157〕丁福保，《說文解字詁林》，第四冊，頁876。

〔註158〕許慎著、段玉裁注，《說文解字注》，頁836。

「制」，〔註159〕左上若「朱」頭，源自金文，屬於大篆系統。若〈中岳嵩高靈廟碑〉等作「荆」，〔註160〕左上若「屮」，則源自《說文解字》，屬於小篆系統。唐代則專行大篆系統，如：歐陽詢〈溫彥博碑〉等作「制」，〔註161〕左上若「朱」頭，屬於大篆系統。

（三）「呼」字

甲骨文缺。〔註162〕

金文作「乎」，容庚云：「不从口，與謼通。」〔註163〕

《說文解字》云：

呼，外息也，从口、乎聲。〔註164〕

「呼」字楷書，唐代之前兼行二篆系統，如：〈司馬景和妻墓誌〉等作「呼」，〔註165〕末畫中段直挺，源自金文，屬於大篆系統。若〈菅氏夫人碑〉等作「呼」，〔註166〕末畫中段屈折，則源自《說文解字》，屬於小篆系統。唐代則專行大篆系統，如：顏真卿〈顏勤禮碑〉等作「呼」，〔註167〕屬於大篆系統。

（四）「朝」字

甲骨文作「」、「」、「」、「」、「」……等形，〔註168〕前三形从日、从月、从艸，羅振玉謂「此朝暮之朝字，日已出艸中，而月猶未沒，

〔註159〕禚效峰等，《漢隸魏碑字典》，上卷，頁568；鄭聰明，《北魏隋墓誌銘字典》，頁133。

〔註160〕禚效峰等，《漢隸魏碑字典》，上卷，頁568；鄭聰明，《北魏隋墓誌銘字典》，頁133。

〔註161〕二玄社，《唐歐陽詢化度寺碑／溫彥博碑》，頁43；二玄社，《唐歐陽通道因法師碑》，頁17；二玄社，《唐顏真卿顏氏家廟碑》，下冊，頁18、37、40、67。

〔註162〕甲骨文但有「乎」字，參見：本書第一章第四節四之（一）。

〔註163〕容庚，《金文編》，第二‧六，頁78。

〔註164〕丁福保，《說文解字詁林》，第二冊，頁1143。

〔註165〕禚效峰等，《漢隸魏碑字典》，上卷，頁564；鄭聰明，《北魏隋墓誌銘字典》，頁185。

〔註166〕禚效峰等，《漢隸魏碑字典》，上卷，頁564；鄭聰明，《北魏隋墓誌銘字典》，頁185。

〔註167〕二玄社，《唐顏真卿顏勤禮碑》，頁17；伏見沖敬，《書法大字典》，上冊，頁348。

〔註168〕李宗焜，《甲骨文字編》，中冊，頁487。

是朝也」；〔註169〕末二形則省去「月」。

　　金文作「朝」、「朝」、「朝」、「朝」、「朝」、「朝」……等形，〔註170〕
蓋从川或水、朝省聲，羅振玉謂「乃潮汐之專字」。〔註171〕

　　《說文解字》云：

　　　　朝，旦也，从倝、舟聲。〔註172〕

小篆「朝」字从舟，蓋爲金文之訛變。〔註173〕

　　「朝」字楷書，唐代之前兼行二篆系統，如：南朝宋〈爨龍顏碑〉等作
「朝」，〔註174〕左旁从「月」，源自甲骨文，屬於大篆系統。若〈崔鴻墓誌〉
等作「朝」，〔註175〕「从倝、舟聲」，則源自《說文解字》，屬於小篆系統。
唐代則專行大篆系統，如：歐陽詢〈溫彥博碑〉等作「朝」，〔註176〕左旁从
「月」，與〈爨龍顏碑〉等相同，屬於大篆系統。

　　（五）「經」字

　　甲骨文缺。

　　金文作「巠」、「巠」、「經」、「經」……等形，〔註177〕前二形蓋从「工」
（「壬」字初文，本義爲絲架，其後起字作「滕」）、从縱絲；末二形加糸爲形
符，且所从之「工」豎畫中段加圓點，爲小篆「壬」字所本。

〔註169〕古文字詁林編纂委員會，《古文字詁林》，第六冊，頁449。
〔註170〕容庚，《金文編》，第七・三，頁397。
〔註171〕古文字詁林編纂委員會，《古文字詁林》，第六冊，頁449。
〔註172〕丁福保，《說文解字詁林》，第六冊，頁131。
〔註173〕馬敍倫說，見：古文字詁林編纂委員會，《古文字詁林》，第六冊，頁450引
　　　　《說文解字六書疏證》卷十三。
〔註174〕禚效峰等，《漢隸魏碑字典》，下卷，頁913～915；鄭聰明，《北魏隋墓誌銘
　　　　字典》，頁686～687；伏見冲敬，《書法大字典》，上冊，頁1097。
〔註175〕禚效峰等，《漢隸魏碑字典》，下卷，頁913～915；伏見冲敬，《書法大字典》，
　　　　上冊，頁1097。
〔註176〕二玄社，《唐歐陽詢化度寺碑／溫彥博碑》，頁44；二玄社，《唐歐陽詢皇甫
　　　　誕碑》，頁23；二玄社，《唐褚遂良孟法師碑》，頁8；二玄社，《唐褚遂良雁
　　　　塔聖教序》，頁43；二玄社，《唐歐陽通道因法師碑》，頁27；二玄社，《唐歐
　　　　陽通道因法師碑／泉男生墓誌銘》，頁46；二玄社，《唐薛曜夏日遊石淙詩》，
　　　　頁58；二玄社，《唐張旭／古詩四帖／郎官石記／肚痛帖》，頁34；二玄社，
　　　　《唐顏真卿多寶塔碑》，頁7、8、37；二玄社，《唐顏真卿顏勤禮碑》，頁24、
　　　　91（2）；二玄社，《唐柳公權玄祕塔碑》，頁6、27。
〔註177〕容庚，《金文編》，第一一・五，頁612；第一三・一，頁701。

《說文解字》云：

經，織從絲也，从系、巠聲。〔註178〕

「經」字楷書，唐代之前兼行二篆系統，如：隋〈劉相墓誌〉作「經」，〔註179〕東魏〈元湛墓誌〉作「經」，〔註180〕北魏〈元燦墓誌〉等作「経」，〔註181〕北魏〈石門銘〉等作「經」，〔註182〕北魏〈鄭文公下碑〉等作「經」，〔註183〕此五種寫法其右半部雖互有小異，實皆源自金文前二形，屬於大篆系統。若東魏〈張滿墓誌〉作「經」，〔註184〕其右下作「壬」，則屬於小篆系統。唐代則專行大篆系統，如：歐陽詢〈九成宮醴泉銘〉等作「経」，〔註185〕與〈鄭文公下碑〉等相同；或歐陽通〈道因法師碑〉等作「經」，〔註186〕與〈劉相墓誌〉略同，此二種寫法，皆屬於大篆系統。

〔註178〕丁福保，《說文解字詁林》，第十冊，頁 527。

〔註179〕伏見冲敬，《書法大字典》，下冊，頁 1718。

〔註180〕伏見冲敬，《書法大字典》，下冊，頁 1718。

〔註181〕伏見冲敬，《書法大字典》，下冊，頁 1718。

〔註182〕禚效峰等，《漢隸魏碑字典》，上卷，頁 641；鄭聰明，《北魏隋墓誌銘字典》，頁 647～648；伏見冲敬，《書法大字典》，下冊，頁 1718。

〔註183〕禚效峰等，《漢隸魏碑字典》，上卷，頁 641；鄭聰明，《北魏隋墓誌銘字典》，頁 647～648；伏見冲敬，《書法大字典》，下冊，頁 1718。

〔註184〕鄭聰明，《北魏隋墓誌銘字典》，頁 647；伏見冲敬，《書法大字典》，下冊，頁 1718。

〔註185〕二玄社，《唐歐陽詢九成宮醴泉銘》，頁 11；二玄社，《唐歐陽詢化度寺碑／溫彥博碑》，頁 37；二玄社，《唐褚遂良孟法師碑》，頁 15、21、25；二玄社，《唐褚遂良房玄齡碑》，頁 5、31；二玄社，《唐歐陽通道因法師碑／泉男生墓誌銘》，頁 51、56、57、65；二玄社，《唐薛曜夏日遊石淙詩》，頁 7；二玄社，《唐魏栖梧善才寺碑》，頁 23、35、37；張旭，〈嚴仁墓誌〉，第 3 行第 6 字、第 10 第 2 字；大眾書局，《柳公權書金剛經》，頁 22、23、36、37、39（2）、43、44（2）、46、47、48、56、62 之 2、63、66、67（2）、94、113。

〔註186〕二玄社，《唐歐陽通道因法師碑》，頁 4、7、25、36、41、51、54、62；藝術圖書公司，《畫贊碑》，頁 35、38、123；二玄社，《唐顏眞卿顏勤禮碑》，頁 13、14、23、35（2）、55、67；顏眞卿，《大唐中興頌》，頁 83；上海書畫出版社，《顏眞卿元次山碑》，頁 63；二玄社，《唐顏眞卿顏氏家廟碑》，上冊，頁 53、63、64；下冊，頁 48、53、65；大眾書局，《柳公權書金剛經》，頁 38、45（2）、62 之 1、112。

三、唐代之前兼行二篆系統，唐代專行小篆系統者

（一）「兮」字

訬甲骨文作「ψ」、「ψ」、「ψ」、「ψ」、「ψ」、「ψ」……等形，〔註187〕
竊謂：甲骨文「兮」字蓋从丂、八聲，〔註188〕本義為「鷹聲」，即「訬」字
初文。〔註189〕末三形已稍訛變。卜辭借為晨曦字。〔註190〕

金文作「ψ」、「兮」、「兮」……等形，〔註191〕皆从丂、八聲。

《說文解字》云：

> 兮，語所稽也，从丂、八，象气越亐也。〔註192〕

「兮」字楷書，唐代之前兼行二篆系統，如：〈刁遵墓誌〉等作「兮」，
〔註193〕「八」下若「丁」，源自甲骨文與金文之寫法，屬於大篆系統；若〈楊
氏墓誌〉等作「兮」，〔註194〕「丂」之末筆曲折，則源自《說文解字》之寫
法，屬於小篆系統。唐代則專行小篆系統，如：〈嚴仁墓誌〉等皆作「兮」，〔註
195〕與〈楊氏墓誌〉等相同，屬於小篆系統。

（二）「男」字

甲骨文作「ψ」、「ψ」、「ψ」、「ψ」……等形，〔註196〕皆从田、从力，
唯「力」之方向與位置互有不同。徐中舒云：「力象原始耒形，从田、从力會

〔註187〕李宗焜，《甲骨文字編》，下冊，頁1355。

〔註188〕「八」象雙臂形，乃「臂」初文：參見：本書第一章第三節一之（一）。
而據段玉裁〈古十七部諧聲表〉，「兮」與「辟」古音皆屬第十六部，見：
許慎著、段玉裁注，《說文解字注》，頁837。故馬敘倫謂「兮」字《說文
解字》「疑本作八聲。」見：古文字詁林編纂委員會，《古文字詁林》，第
五冊，頁43。

〔註189〕《廣韻·上聲·薺韻》：「訬，鷹聲。」見：余迺永，《互註校正宋本廣韻》，
卷三，頁270

〔註190〕董作賓說，見：古文字詁林編纂委員會，《古文字詁林》，第五冊，頁44。

〔註191〕容庚，《金文編》，第五·一三，頁289。

〔註192〕丁福保，《說文解字詁林》，第四冊，頁1257。

〔註193〕禚效鋒等，《漢隸魏碑字典》，上卷，頁158～159。

〔註194〕鄭聰明，《北魏隋墓誌銘字典》，頁114。

〔註195〕張旭〈嚴仁墓誌銘〉19行之1、8、14，20行之2、7、15；《唐薛曜夏日遊石
淙詩》，頁9、10。

〔註196〕李宗焜，《甲骨文字編》，中冊，頁830。

以耒於田中從事農耕之意。農耕乃男子之事，故以為男子之稱。」〔註197〕

金文作「🔲」或「🔲」，〔註198〕前者與甲骨文第一形同；後者則加「爪」於「力」之上方。

《說文解字》云：

🔲，丈夫也，从田、从力，言男用力於田也。〔註199〕

清‧王筠謂「男」字當是从田、「力聲。」〔註200〕竊以為：「男」字蓋从田、力聲，〔註201〕其本義為距王城一千里至一千五百里之「男畿」；〔註202〕後始假借為男女字。

「男」字楷書，唐代之前兼行二篆系統，如：〈元暐墓誌〉作「🔲」，〔註203〕下段作「力」，源自甲骨文與金文「力」字寫法，〔註204〕屬於大篆系統；若〈司馬景和妻墓誌〉等作「🔲」，〔註205〕「力」之左旁多一撇，源自《說文解字》「力」字寫法，則屬於小篆系統。唐代則專行小篆系統，如：歐陽詢〈九成宮醴泉銘〉等皆作「🔲」，〔註206〕「力」之左旁多一撇，與〈司馬景和妻墓誌〉等相同，屬於小篆系統。

〔註197〕見：古文字詁林編纂委員會，《古文字詁林》，第十冊，頁409引。

〔註198〕容庚，《金文編》，第一三‧一七，頁734。

〔註199〕丁福保，《說文解字詁林》，第十冊，頁1329。

〔註200〕丁福保，《說文解字詁林》，第十冊，頁1330引《說文繫傳校錄》。

〔註201〕「男」字聲屬舌音第十三「泥」，「力」字聲屬舌音第十四「來」；見：陳新雄，《聲類新編》，卷三，頁143、165。二者聲類相近，故「男」得以「力」為聲符。

〔註202〕《周禮‧夏官‧大司馬》：「方千里曰國畿，其外方五百里曰侯畿，又其外方五百里曰甸畿，又其外方五百里曰男畿。」見：漢‧鄭玄注、唐‧賈公彥疏，《周禮注疏》，卷二十九，頁441。

〔註203〕禚效鋒等，《漢隸魏碑字典》，上卷，頁459。

〔註204〕參見本書第一章第四節四之（一）。

〔註205〕禚效峰等，《漢隸魏碑字典》，上卷，頁459；鄭聰明，《北魏隋墓誌銘字典》，頁577；伏見冲敬，《書法大字典》，下冊，頁1484。

〔註206〕二玄社，《唐歐陽詢九成宮醴泉銘》，頁41；二玄社，《唐歐陽通道因法師碑》，頁5；二玄社，《唐歐陽通道因法師碑／泉男生墓誌銘》，頁46、48、57、58、61；《唐薛曜夏日遊石淙詩》，頁51、81、108；二玄社，《唐顏真卿顏勤禮碑》，頁66、76二玄社，《唐顏真卿顏氏家廟碑》，下冊，頁33、56、57、58、61、92、93（4）、94（2）；大眾書局，《柳公權書金剛經》，頁4、35、36、43、56、57、63、66、68、69、105、111。

（三）「勇」字

甲骨文缺。

金文缺。

《說文解字》云：

，气也，从力、甬聲。，勇或从戈、用。，古文勇从心。

〔註207〕

「勇」字楷書，唐代之前兼行二篆系統，如：〈元暐墓誌〉等作「勇」，

〔註208〕下段作「力」，源自甲骨文與金文「力」字寫法，屬於大篆系統；

若〈李明府墓誌〉等作「勇」，〔註209〕「力」之左旁多一撇，源自《說文

解字》「力」字寫法，則屬於小篆系統。唐代則專行小篆系統，如：〈昭仁

寺碑〉等皆作「勇」，〔註210〕「力」之左旁多一撇，與〈李明府墓誌〉等

相同，屬於小篆系統。

（四）「掌」字

甲骨文缺。

金文缺。

《說文解字》云：

，手中也，从手、尚聲。〔註211〕

「掌」字楷書，唐代之前兼行二篆系統，如：北魏〈元延明墓誌〉作「掌」，

〔註212〕下段但作二橫一綽勾，源自金文「手」字寫法之一，〔註213〕屬於大篆

〔註207〕丁福保，《說文解字詁林》，第十冊，頁1368。

〔註208〕㶍效鋒等，《漢隸魏碑字典》，卷上，頁758；鄭聰明，《北魏隋墓誌銘字典》，頁140；伏見冲敬，《書法大字典》，上冊，頁234。

〔註209〕㶍效鋒等，《漢隸魏碑字典》，卷上，頁758；鄭聰明，《北魏隋墓誌銘字典》，頁140；伏見冲敬，《書法大字典》，上冊，頁234。

〔註210〕二玄社，《唐昭仁寺碑》，頁32；二玄社，《唐顏師古等慈寺碑》，頁20；二玄社，《唐歐陽通道因法師碑／泉男生墓誌銘》，頁50；上海書畫出版社，《顏真卿元次山碑》，頁41；二玄社，《唐柳公權玄祕塔碑》，頁19。

〔註211〕丁福保，《說文解字詁林》，第九冊，頁1121。

〔註212〕伏見冲敬，《書法大字典》，上冊，頁942。

〔註213〕如：卯簋「手」字或農卣「拜」字右旁之「手」，參見：容庚，《金文編》，第一二·六，頁637。

系統；若〈崔鴻墓誌〉等作「掌」，〔註214〕下段作「手」，則源自《說文解字》「手」字寫法，屬於小篆系統。唐代則專行小篆系統，如：顏真卿〈多寶塔碑〉等作「掌」，〔註215〕下段作「手」，與〈崔鴻墓誌〉等相同，屬於小篆系統。

（五）「彰」字

甲骨文缺。

金文缺。

《說文解字》云：

彰，文彰也，从彡、章，章亦聲。〔註216〕

「彰」字楷書，唐代之前兼行二篆系統，如：〈石門銘〉等作「彰」，〔註217〕左旁「章」之中豎自第二橫下貫；北魏〈司馬顯姿墓誌〉等作「彰」，〔註218〕，左旁中豎貫穿「曰」；二者皆源自金文「章」字寫法，〔註219〕屬於大篆系統。若〈崔鴻墓誌〉等作「彰」，〔註220〕左旁作上「立」下「早」，源自《說文解字》「彰」字寫法，則屬於小篆系統。唐代則專行小篆系統，如：〈昭仁寺碑〉等皆作「彰」，〔註221〕左旁作上「立」下「早」，與〈崔鴻墓誌〉等相同，屬於小篆系統。

〔註214〕禚效峰等，《漢隸魏碑字典》，下卷，頁921；鄭聰明，《北魏隋墓誌銘字典》，頁577；伏見冲敬，《書法大字典》，上冊，頁391。

〔註215〕二玄社，《唐顏真卿多寶塔碑》，頁41；二玄社，《唐柳公權玄祕塔碑》，頁31。

〔註216〕丁福保，《說文解字詁林》，第七冊，頁1013。

〔註217〕禚效鋒等，《漢隸魏碑字典》，卷下，頁1003；鄭聰明，《北魏隋墓誌銘字典》，頁338；伏見冲敬，《書法大字典》，上冊，頁770。

〔註218〕禚效鋒等，《漢隸魏碑字典》，卷下，頁1003；鄭聰明，《北魏隋墓誌銘字典》，頁338；伏見冲敬，《書法大字典》，上冊，頁770。

〔註219〕說見：本書第四章第三節一之（一）。

〔註220〕禚效鋒等，《漢隸魏碑字典》，卷下，頁1003；鄭聰明，《北魏隋墓誌銘字典》，頁338；伏見冲敬，《書法大字典》，上冊，頁770。

〔註221〕二玄社，《唐昭仁寺碑》，頁46；二玄社，《唐歐陽詢皇甫誕碑》，頁6；二玄社，《唐顏真卿顏勤禮碑》，頁38；二玄社，《唐顏真卿顏氏家廟碑》，上冊，頁67。

第五章　唐代楷書小篆系統激增之原因與影響

在唐代之前，楷書已有不少文字的寫法屬於小篆系統；而在唐代的 288 年（618～906）之間，屬於小篆系統的楷書文字大量持續增加。唐代小篆系統的楷書文字激增，固有其時代的背景；而此種以小篆系統作為楷書文字的作法，也影響了後世楷書的演變。

第一節　唐代楷書之小篆系統激增

魏晉至隋期間之楷書文字，其屬於小篆系統者較諸漢代隸書頗有增加；而唐代楷書文字之屬於小篆系統者，又較魏晉至隋期間明顯地增加。

一、唐代之前的小篆系統楷書

在唐代之前，楷書已有不少文字的寫法屬於小篆系統；而這些唐代之前的小篆系統楷書，有的固然是承襲自漢代隸書，有的則是魏晉至隋期間新增者。

（一）唐代之前承襲自漢代隸書的小篆系統楷書

所謂「唐代之前承襲自漢代隸書的小篆系統楷書」，指漢代隸書已有之小篆系統寫法，而為魏晉至隋期間之楷書所繼承者。例如——

1、「七」字

漢代隸書〈乙瑛碑〉作「十」，〔註1〕源自甲骨文金文，屬於大篆系統；〔註2〕〈開通褒斜道刻石〉等作「七」，〔註3〕源自《說文解字》篆文，屬於小篆系統。〔註4〕唐代之前楷書，如南朝宋〈爨龍顏碑〉等作「七」，〔註5〕其文字構造與〈開通褒斜道刻石〉等相同，乃承襲自漢代隸書的小篆系統楷書。

2、「乃」字

漢代隸書無論〈武氏祠畫像題字〉等之作「乃」，〔註6〕抑或〈北海相景君碑〉等之作「乃」，〔註7〕皆源自秦始皇帝石權銘等之作「乃」，〔註8〕屬於小篆系統。唐代之前楷書，如南朝宋〈爨龍顏碑〉等作「乃」，〔註9〕其文字構造與〈武氏祠畫像題字〉等相同，乃承襲自漢代隸書的小篆系統楷書。

3、「十」字

漢代隸書〈萊子侯刻石〉等作「十」，〔註10〕源自金文第四形與《說文解字》篆文之寫法，屬於小篆系統。〔註11〕唐代之前楷書，如魏・鍾繇〈雪寒帖〉等之作「十」，〔註12〕其文字構造與〈萊子侯刻石〉等相同，乃承襲自漢代隸書的小篆系統楷書。

〔註1〕二玄社，《漢乙瑛碑》，頁 23、25。李靜，《隸書字典》頁 84，將〈乙瑛碑〉之「七」字誤收為「十」字。

〔註2〕說見：本書第一章第四節三之（三）。

〔註3〕二玄社，《漢開通褒斜道刻石》，頁 59；李靜，《隸書字典》，頁 2；禚效峰等，《漢隸魏碑字典》，上卷，頁 12～13。

〔註4〕說見：本書第一章第四節三之（三）。

〔註5〕禚效峰等，《漢隸魏碑字典》，上卷，頁 12；鄭聰明，《北魏隋墓誌銘字典》，頁 3～4；伏見冲敬，《書法大字典》，上冊，頁 2～3。

〔註6〕二玄社，《漢武氏祠畫像題字》，頁 16；李靜，《隸書字典》，頁 13；禚效峰等，《漢隸魏碑字典》，上卷，頁 23～24。

〔註7〕二玄社，《漢北海相景君碑》，頁 13、16（二）：李靜，《隸書字典》，頁 13：禚效峰等，《漢隸魏碑字典》，上卷，頁 23～24。

〔註8〕二玄社，《秦權量銘》，頁 7。

〔註9〕禚效峰等，《漢隸魏碑字典》，上卷，頁 24～25；鄭聰明，《北魏隋墓誌銘字典》，頁 24～26；伏見冲敬，《書法大字典》，上冊，頁 25～26。

〔註10〕二玄社，《漢刻石八種》，頁 33；李靜，《隸書字典》，頁 84；禚效峰等，《漢隸魏碑字典》，上卷，頁 8～9。

〔註11〕說見：本書第一章第四節三之（二）。

〔註12〕二玄社，《淳化閣帖》，卷二，頁 27；禚效峰等，《漢隸魏碑字典》，上卷，頁 9～12；鄭聰明，《北魏隋墓誌銘字典》，頁 147～150；伏見冲敬，《書法大字典》，上冊，頁 259～260。

4、「安」字

漢代隸書無論〈裴岑紀功頌〉等之作「安」，〔註 13〕抑或〈北海相景君碑〉等之作「安」，〔註 14〕皆源自甲骨文第六形與金文第五形以及《說文解字》篆文之寫法，屬於小篆系統。〔註 15〕唐代之前楷書，無論北魏〈元平墓誌〉等之作「安」，〔註 16〕抑或北魏〈崔敬邕墓誌〉等之作「安」，〔註 17〕前者之文字構造與〈裴岑紀功頌〉等相同，後者之文字構造與〈北海相景君碑〉等相同，皆為承襲自漢代隸書的小篆系統楷書。

5、「孟」字

漢代隸書，〈北海相景君碑〉等作「孟」，〔註 18〕源自金文第一形以及《說文解字》古文，屬於大篆系統；〔註 19〕〈孟琁殘碑〉等作「孟」，〔註 20〕源自金文第三形以及《說文解字》篆文，屬於小篆系統。〔註 21〕唐代之前楷書，無論南朝宋〈爨龍顏碑〉等之作「孟」，〔註 22〕抑或北魏〈始平公造像記〉等之作「孟」，〔註 23〕其文字構造皆與〈孟琁殘碑〉等相同，乃承襲自漢代隸書的小篆系統楷書；唯後者截去第一橫畫之下的縱向筆畫。

（二）魏晉至隋期間新增之小篆系統楷書

所謂「魏晉至隋期間新增之小篆系統楷書」，指漢代隸書本無小篆系統之寫法，而為魏晉至隋期間之楷書所新增者。例如——

〔註 13〕二玄社，《漢祀三公山碑／裴岑紀功頌》，頁 44；李靜，《隸書字典》，頁 133；禚效峰等，《漢隸魏碑字典》，上卷，頁 396～397。
〔註 14〕二玄社，《漢北海相景君碑》，頁 7；李靜，《隸書字典》，頁 133；禚效峰等，《漢隸魏碑字典》，上卷，頁 396～397。
〔註 15〕說見：本書第一章第四節三之（二）。
〔註 16〕伏見冲敬，《書法大字典》，上冊，頁 554～555；禚效峰等，《漢隸魏碑字典》，上卷，頁 397～398；鄭聰明，《北魏隋墓誌銘字典》，頁 260～261。
〔註 17〕禚效峰等，《漢隸魏碑字典》，上卷，頁 397～398；鄭聰明，《北魏隋墓誌銘字典》，頁 260～261；伏見冲敬，《書法大字典》，上冊，頁 554～555。
〔註 18〕二玄社，《漢北海相景君碑》，頁 41；李靜，《隸書字典》，頁 161。
〔註 19〕說見：本書第一章第四節三之（三）。
〔註 20〕二玄社，《漢孟琁殘碑／張景造土牛碑》，頁 5；李靜，《隸書字典》，頁 161；禚效峰等，《漢隸魏碑字典》，上卷，頁 632。李靜，《隸書字典》，頁 161。
〔註 21〕說見：本書第一章第四節三之（三）。
〔註 22〕伏見冲敬，《書法大字典》，上冊，頁 541；鄭聰明，《北魏隋墓誌銘字典》，頁 258。
〔註 23〕禚效峰等，《漢隸魏碑字典》，上卷，頁 632；鄭聰明，《北魏隋墓誌銘字典》，頁 258；伏見冲敬，《書法大字典》，上冊，頁 541。

1、「井」字

漢代隸書如〈史晨碑〉等作「井」〔註24〕，源自甲骨文與金文第一形，屬於大篆系統。唐代之前，如隋〈蘇孝慈墓誌〉等之作「井」，〔註25〕至若北魏〈皇甫麟墓誌〉作「丼」，〔註26〕中央加一點，源自《說文解字》之寫法，〔註27〕乃魏晉至隋期間新增之小篆系統楷書。

2、「受」字

漢代隸書無論〈開通襃斜道刻石〉等之作「受」，〔註28〕抑或〈石門頌〉等之作「受」，〔註29〕皆源自甲骨文第一形與〈新嘉量銘〉篆文，屬於大篆系統。〔註30〕唐代之前楷書，如北魏〈弔比干碑〉等之作「受」，〔註31〕源自漢隸第二形而稍有訛變，屬於大篆系統；至若隋〈蘇孝慈墓誌〉等之作「受」，〔註32〕則源自《說文解字》篆文，乃魏晉至隋期間新增之小篆系統楷書。

3、「章」字

漢代隸書如〈石門頌〉等作「章」，〔註33〕中豎貫穿中段之「曰」，源自金文第五形，屬於大篆系統。〔註34〕「章」字楷書，唐代之前，無論北魏〈顯祖嬪侯骨氏墓誌〉等之作「章」，〔註35〕抑或〈始平公造像記〉等之作

〔註24〕二玄社，《漢史晨前後碑》（東京，1983），頁61、64。

〔註25〕鄭聰明，《北魏隋墓誌銘字典》，頁50；伏見冲敬，《書法大字典》，上冊，頁51。

〔註26〕鄭聰明，《北魏隋墓誌銘字典》，頁50；伏見冲敬，《書法大字典》，上冊，頁51。

〔註27〕說見：本書前言之四。

〔註28〕二玄社，《漢開通襃斜道刻石》，頁9（二）；李靜，《隸書字典》，頁92；禚效峰等，《漢隸魏碑字典》，上卷，頁592～593。

〔註29〕二玄社，《漢石門頌》（東京，1981），頁13。

〔註30〕說見：本書第一章第四節二之（三）。

〔註31〕禚效峰等，《漢隸魏碑字典》，上卷，頁593；鄭聰明，《北魏隋墓誌銘字典》，頁165；伏見冲敬，《書法大字典》，上冊，頁306。

〔註32〕鄭聰明，《北魏隋墓誌銘字典》，頁165。

〔註33〕二玄社，《漢石門頌》，頁57；李靜，《隸書字典》，頁366～367；禚效峰等，《漢隸魏碑字典》，上卷，頁874。

〔註34〕說見：本書第四章第三節一之（一）。

〔註35〕禚效峰等，《漢隸魏碑字典》，下卷，頁874；鄭聰明，《北魏隋墓誌銘字典》，頁627～628。

「**章**」，〔註36〕皆中豎貫穿中段之「日」，其文字構造與〈石門頌〉等相同，屬於大篆系統；若南朝宋〈爨龍顏碑〉等作「**章**」，〔註37〕「从音、从十」，則源自《說文解字》篆文，〔註38〕乃魏晉至隋期間新增之小篆系統楷書。

4、「曾」字

漢代隸書如〈孟琁殘碑〉等作「**曽**」，〔註39〕中段「口」中作一橫，源自甲骨文、金文等大篆之寫法，屬於大篆系統。〔註40〕唐代之前楷書，無論北魏〈元顯儁墓誌〉等之作「**曾**」，〔註41〕北魏〈李璧墓誌〉等之作「**曾**」，〔註42〕抑或北魏〈奚智墓誌〉等之作「**曾**」，〔註43〕蓋皆屬於大篆系統；唯後三形稍有訛變。至若北魏〈司馬顯姿墓誌〉等之作「**曾**」，〔註44〕北魏〈元熙墓誌〉等之作「**曾**」，〔註45〕以及北魏〈元譚妻司馬氏墓誌〉之作「**曾**」，〔註46〕則皆源自《說文解字》篆文，乃魏晉至隋期間新增之小篆系統楷書；唯後二形稍有訛變。

5、「遵」字

甲骨文缺。

金文缺。

《說文解字》云：

　　遵，循也，从辵、尊聲。〔註47〕

〔註36〕禚效峰等，《漢隸魏碑字典》，下卷，頁874；鄭聰明，《北魏隋墓誌銘字典》，頁627～628。

〔註37〕禚效峰等，《漢隸魏碑字典》，下卷，頁874；鄭聰明，《北魏隋墓誌銘字典》，頁627～628。

〔註38〕說見：本書第四章第三節一之（一）。

〔註39〕二玄社，《漢孟琁殘碑／張景造土牛碑》，頁4；李靜，《隸書字典》，頁275。

〔註40〕說見：本書第一章第四節三之（一）。

〔註41〕鄭聰明，《北魏隋墓誌銘字典》，頁447～448；伏見冲敬，《書法大字典》，上冊，頁1080。

〔註42〕鄭聰明，《北魏隋墓誌銘字典》，頁447～448；伏見冲敬，《書法大字典》，上冊，頁1080。

〔註43〕鄭聰明，《北魏隋墓誌銘字典》，頁447～448；伏見冲敬，《書法大字典》，上冊，頁1080。

〔註44〕鄭聰明，《北魏隋墓誌銘字典》，頁447～448；伏見冲敬，《書法大字典》，上冊，頁1080。

〔註45〕伏見冲敬，《書法大字典》，上冊，頁1080。

〔註46〕伏見冲敬，《書法大字典》，上冊，頁1080。

〔註47〕丁福保，《說文解字詁林》，第3冊，頁38。

　　漢代隸書無論〈北海相景君碑〉等作「遵」，〔註48〕右旁「尊」中有二橫，源自甲骨文與金文「尊」字之寫法，〔註49〕屬於大篆系統。唐代之前北魏〈元暐墓誌〉等作「遵」，〔註50〕其文字構造與〈北海相景君碑〉等相同，屬於大篆系統；至若北魏〈刁遵墓誌〉等作「遵」，〔註51〕右旁「尊」中僅有一橫，則源自《說文解字》之寫法，乃魏晉至隋期間新增之小篆系統楷書。

二、唐代小篆系統楷書持續增加

　　唐代楷書，一方面承襲魏晉至隋期間既有之小篆系統楷書；另一方面則新增魏晉至隋期間所無之小篆系統楷書。

（一）唐代承襲魏晉至隋期間既有之小篆系統楷書，例如——

　　1、「七」字，〈昭仁寺碑〉等之作「七」；〔註52〕縱向筆畫末端右彎，與南朝宋〈爨龍顏碑〉等寫法相同。

　　2、「乃」字，〈昭仁寺碑〉等之作「乃」；〔註53〕與南朝宋〈爨龍顏碑〉等寫法相同。

〔註48〕二玄社，《漢北海相景君碑》，頁16；李靜，《隸書字典》，頁497。

〔註49〕參見：本書第一章第四節一之（一）。

〔註50〕禇效峰等，《漢隸魏碑字典》，下卷，頁1022；鄭聰明，《北魏隋墓誌銘字典》，頁805；伏見冲敬，《書法大字典》，下冊，頁2244。

〔註51〕禇效峰等，《漢隸魏碑字典》，下卷，頁843；伏見冲敬，《書法大字典》，下冊，頁2568。

〔註52〕二玄社，《唐昭仁寺碑》，頁48、56、73；二玄社，《唐歐陽詢皇甫誕碑》，頁7；二玄社，《唐褚遂良雁塔聖教序》，頁24、27、51、53；二玄社，《唐歐陽通道因法師碑》，頁52；二玄社，《唐薛曜夏日遊石淙詩》，頁20、21、25、35、40、45、47、50、55、60、75、80、85、90、95、100；上海書畫出版社，《顏眞卿元次山碑》，頁54；二玄社，《唐顏眞卿麻姑山仙壇記》，頁7（2）、49；二玄社，《唐顏眞卿顏勤禮碑》，頁27、44、69；二玄社，《唐顏眞卿顏氏家廟碑》，上冊，頁9、20、28、98；下冊，頁90。

〔註53〕二玄社，《唐昭仁寺碑》，頁14、27、61；二玄社，《唐歐陽詢化度寺碑／溫彥博碑》，頁5；二玄社，《唐歐陽詢九成宮醴泉銘》，頁34（2）；二玄社，《唐虞世南孔子廟堂碑》，頁3、24、27、30、32；二玄社，《唐歐陽詢化度寺碑／溫彥博碑》，頁34；二玄社，《唐歐陽詢皇甫誕碑》，頁34；二玄社，《唐歐陽通道因法師碑》，頁37、42、45、59；二玄社，《唐顏眞卿顏勤禮碑》，頁31、37；二玄社，《唐顏眞卿麻姑山仙壇記》，頁35

3、「十」字，〈昭仁寺碑〉等之作「**十**」；〔註54〕與魏・鍾繇〈雪寒帖〉等寫法相同。

4、「安」字，顏眞卿〈多寶塔碑〉等之作「**安**」；〔註55〕與北魏〈元平墓誌〉等寫法相同。

5、「孟」字，歐陽詢〈九成宮醴泉銘〉等之作「**孟**」；〔註56〕與南朝宋〈爨龍顏碑〉等寫法相同。

6、「井」字，顏眞卿〈麻姑山仙壇記〉之作「**井**」；〔註57〕與北魏〈皇甫麟墓誌〉寫法相同。

7、「受」字，薛稷〈信行禪師碑〉等之作「**受**」；〔註58〕，下作「又」，與隋〈蘇孝慈墓誌〉等寫法相同。

8、「章」字，虞世南〈孔子廟堂碑〉等之作「**章**」；〔註59〕與南朝宋〈爨龍顏碑〉等寫法相同。

〔註54〕二玄社，《唐昭仁寺碑》，頁 49（2）、68；九 16；二玄社，《唐歐陽詢化度寺碑／溫彥博碑》，頁 40；二玄社，《唐歐陽詢皇甫誕碑》，頁 36；二玄社，《唐褚遂良雁塔聖教序》，頁 9、16、24、27、33、49、51、52、53、57-2；二玄社，《唐褚遂良孟法師碑》，頁 24（3）；二玄社，《唐歐陽通道因法師碑》，頁 6、17、19、64-2；二玄社，《唐顏眞卿麻姑山仙壇記》，頁 7、20、30、57．

〔註55〕二玄社，《唐顏眞卿多寶塔碑》，頁 20；顏眞卿，《畫贊碑》，頁 13、23、97、99；顏眞卿，《大唐中興頌》，頁 34、39、119。

〔註56〕二玄社，《唐歐陽詢九成宮醴泉銘》，頁 7；二玄社，《唐褚遂良孟法師碑》，頁 10。

〔註57〕二玄社，《唐顏眞卿麻姑山仙壇記》，頁 56。

〔註58〕上海書畫社，《薛稷信行禪師碑》，頁 50；李伍強、李國強，《唐人小楷精選》，靈頁 33、35-2、36-2；二玄社，《唐魏棲梧善才寺碑》，頁 20；浙江人民美術社，《顏眞卿書郭虛己墓志》，頁 85；二玄社，《唐顏眞卿多寶塔碑》，頁 32、33；二玄社，《唐顏眞卿顏勤禮碑》，頁 8；元 19、61；二玄社，《唐顏眞卿顏氏家廟碑》，下冊，頁 17、79、95；大眾書局，《柳公權書金剛經》，頁 22、36、38、43、46、47、56、59、60、62、63、66、67、94、103-2、104、114；二玄社，《唐柳公權左神策軍紀聖德碑》，頁 8、、40。

〔註59〕二玄社，《唐虞世南孔子廟堂碑》，頁 14、31；二玄社，《唐歐陽詢化度寺碑／溫彥博碑》，頁 38；二玄社，《唐歐陽詢皇甫誕碑》，頁 15；二玄社，《唐褚遂良房玄齡碑》，頁 14；二玄社，《唐歐陽通道因法師碑》，頁 13、52；二玄社，《唐道因法師碑／泉男生墓誌銘》，頁 56、61；文物出版社，《唐顏眞卿書王琳墓誌銘》，頁 21；二玄社，《唐顏眞卿多寶塔碑》，頁 11、34、48；二玄社，《唐顏眞卿麻姑山仙壇記》，頁 21；二玄社，《唐顏眞卿顏氏家廟碑》，上冊，頁 99；下冊，頁 75；大眾書局，《柳公權書金剛經》，頁 14（2）、15。

9、「曾」字，歐陽通〈道因法師碑〉等之作「曾」；〔註60〕與北魏〈司馬顯姿墓誌〉等寫法相同。

10、「遵」字，顏眞卿〈元結碑〉之作「遵」；〔註61〕與北魏〈刁遵墓誌〉等寫法相同。或顏眞卿〈顏氏家廟碑〉之作「遵」，〔註62〕與寫法相同。

唐代「新增魏晉至隋期間所無之小篆系統楷書」，包括：魏晉至隋期間之楷書已有篆系統，而唐代改作者；以及魏晉至隋期間之楷書尚無小篆系統，而唐代新增者。討論如下——

（二）唐代改作之小篆系統楷書

所謂「唐代改作之小篆系統楷書」，指先唐已有小篆系統之楷書，唯稍有訛變；唐代乃據《說文解字》小篆而改作之寫法。

1、「旁」字

甲骨文作「旁」、「旁」、「旁」、「旁」、「旁」、「旁」……等形，〔註63〕蓋從凡（象盤形）、方聲。而所從之「凡」或省一橫，或訛變爲「井」。

金文作「旁」、「旁」或「旁」，〔註64〕皆從凡、方聲。

《說文解字》云：

旁，溥也，從二，闕，方聲。旁，古文旁。旁，亦古文旁。旁，籀文。〔註65〕

「旁」字楷書，唐代之前如：北魏〈李超墓誌〉作「旁」，〔註66〕固源自《說文解字》，屬於小篆系統，唯稍有訛變。唐代如褚遂良〈文皇哀冊〉等作「旁」，〔註67〕與〈李超墓誌〉相同，屬於小篆系統，而稍有訛變；若顏

〔註60〕二玄社，《唐歐陽通道因法師碑》，頁16；唐・顏眞卿，《大唐中興頌》，頁112；二玄社，《唐顏眞卿麻姑山仙壇記》，頁57；二玄社，《唐顏眞卿顏氏家廟碑》，上冊，頁53；下冊，頁11、24。

〔註61〕上海書畫出版社，《顏眞卿元次山碑》，頁8、9。

〔註62〕二玄社，《唐顏眞卿顏氏家廟碑》，下冊，頁77。

〔註63〕李宗焜，《甲骨文字編》，下冊，頁1226。

〔註64〕容庚，《金文編》，第一・三，見：《金文編／續金文編》，頁38。

〔註65〕丁福保，《說文解字詁林》，第二冊，頁47。

〔註66〕伏見冲敬，《書法大字典》，上冊，頁1014；鄭聰明，《北魏隋墓誌銘字典》，頁418。

〔註67〕二玄社，《唐褚遂良法帖集》，頁15；二玄社，《唐陸柬之文賦／蘭亭詩》，頁14；二玄社，《唐顏眞卿多寶塔碑》，頁35。

元孫〈干祿字書〉作「![img]」，〔註68〕則爲據《說文解字》小篆而改作之新增寫法。此外，顏眞卿〈王琳墓誌〉等「傍」字作「![img]」，〔註69〕其右旁亦爲據《說文解字》小篆而改作之寫法。

2、「叟」字

甲骨文作「![img]」、「![img]」、「![img]」、「![img]」……等形，〔註70〕皆「象人在屋中舉火」，〔註71〕其本義爲「求也」，即「搜」字初文。〔註72〕

金文缺。

《說文解字》云：

![img]，老也，从又、从灾，闕。〔註73〕

「叟」字楷書，唐代之前未見；唯有「嫂」字王獻之作「![img]」，〔註74〕右若「更」；「搜」字北魏〈皇甫麟墓誌〉作「![img]」，〔註75〕隋〈伍道進墓誌〉作「![img]」〔註76〕；三者雖屬小篆系統，唯皆有訛變。唐代楷書「叟」字，〈五經文字〉一作「![img]」，〔註77〕與〈伍道進墓誌〉「搜」字右旁略同，屬於小篆系統，而小有訛變。若顏眞卿〈元結墓表〉等作「![img]」，〔註78〕則爲據《說文解字》小篆而改作之寫法。

3、「將」字

甲骨文作「![img]」、「![img]」、「![img]」、「![img]」……等形，〔註79〕从上下二手、爿聲。

〔註68〕施安昌，《顏眞卿書干祿字書》，頁30。

〔註69〕文物出版社，《唐顏眞卿書王琳墓誌銘》，頁22；二玄社，《唐顏眞卿麻姑山仙壇記》，頁42；二玄社，《唐顏眞卿顏氏家廟碑》，下冊，頁20。

〔註70〕李宗焜，《甲骨文字編》，中冊，頁452～453。

〔註71〕藝文印書館，《甲骨文編》，卷三‧一，頁117。李宗焜釋「搜」，見：李宗焜，《甲骨文字編》，中冊，頁452～453。

〔註72〕丁福保，《說文解字詁林》，第九冊，頁1389。

〔註73〕丁福保，《說文解字詁林》，第三冊，頁1009。

〔註74〕伏見冲敬，《書法大字典》，上冊，頁526。

〔註75〕伏見冲敬，《書法大字典》，上冊，頁954；鄭聰明，《北魏隋墓誌銘字典》，頁392。

〔註76〕伏見冲敬，《書法大字典》，上冊，頁954。

〔註77〕伏見冲敬，《書法大字典》，上冊，頁308引。

〔註78〕上海書畫出版社，《顏眞卿元次山碑》，頁45、46；伏見冲敬，《書法大字典》，上冊，頁308引《五經文字》。

〔註79〕李宗焜，《甲骨文字編》，上冊，頁335～336。

金文缺。

詛楚文作「將」或「將」，〔註80〕前者右下从「又」，後者右下从「寸」。

《說文解字》云：

將，帥也，从寸、醬省聲。〔註81〕

「將」字楷書，唐代之前如北魏〈刁遵墓誌〉等作「將」，〔註82〕或北魏〈張猛龍碑〉等作「將」，〔註83〕左旁之「爿」皆有訛變，右上之「肉」皆从大篆；如北魏〈元誨墓誌〉等作「將」，〔註84〕或北魏〈元鑒之墓誌〉等作「將」，〔註85〕右上之「肉」雖从小篆，唯左旁之「爿」皆有訛變；如北魏〈元颺妃墓誌〉作「將」，〔註86〕或隋〈高緊墓誌〉作「將」，〔註87〕左旁之「爿」皆無訛變，唯前者右上之「肉」从大篆，而後者右上之「肉」稍有訛變，與「爪」疑似。唐代如〈昭仁寺碑〉等作「將」，〔註88〕與〈元鑒之墓誌〉等相同；顏師古〈等慈寺碑〉等作「將」，〔註89〕與〈元誨墓誌〉等相同。至若〈昭仁寺碑〉另處等作「將」，〔註90〕則爲據《說文解字》小篆而改作之寫法。

〔註80〕 馮雲鵬、馮雲鵷，《金石索》，頁980、981。

〔註81〕 丁福保，《說文解字詁林》，第三冊，頁1157。

〔註82〕 禚效峰等，《漢隸魏碑字典》，上卷，頁711～715；鄭聰明，《北魏隋墓誌銘字典》，頁280～284；伏見冲敬，《書法大字典》，上冊，頁609～610。

〔註83〕 禚效峰等，《漢隸魏碑字典》，上卷，頁711～715；鄭聰明，《北魏隋墓誌銘字典》，頁280～284；伏見冲敬，《書法大字典》，上冊，頁609～610。

〔註84〕 禚效峰等，《漢隸魏碑字典》，上卷，頁714；鄭聰明，《北魏隋墓誌銘字典》，頁281～284；伏見冲敬，《書法大字典》，上冊，頁609～610。

〔註85〕 禚效峰等，《漢隸魏碑字典》，上卷，頁714；鄭聰明，《北魏隋墓誌銘字典》，頁281～284；伏見冲敬，《書法大字典》，上冊，頁609～610。

〔註86〕 禚效峰等，《漢隸魏碑字典》，上卷，頁715。

〔註87〕 伏見冲敬，《書法大字典》，上冊，頁610。

〔註88〕 二玄社，《唐昭仁寺碑》，頁13、18、34、48、49；二玄社，《唐歐陽通道因法師碑／泉男生墓誌銘》，頁46、51、52之2、57、58、59、61；二玄社，《唐魏棲梧善才寺碑》，頁17；張旭，〈嚴仁墓誌〉，第4行第13字。

〔註89〕 二玄社，《唐顏師古等慈寺碑》，頁74；浙江人民美術社，《顏眞卿書郭虛己墓志》，頁23、34、47。

〔註90〕 二玄社，《唐昭仁寺碑》，頁61；顏眞卿，《大唐中興頌》，頁92；上海書畫出版社，《顏眞卿元次山碑》，頁69、91；二玄社，《唐顏眞卿顏氏家廟碑》，上冊，頁57；下冊，頁52。

4、「族」字

甲骨文作「🔲」、「🔲」、「🔲」、「🔲」……等形，〔註91〕

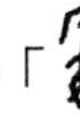

金文作「🔲」、「🔲」、「🔲」、「🔲」、「🔲」……等形，〔註92〕

《說文解字》云：

🔲，矢鋒也，束之族族也，从㫃、从矢。〔註93〕

段注：

今字用鏃，古字用族。金部曰：鏃者利也。則不以爲矢族字矣。〔註94〕

「族」字楷書，唐代之前無論北魏〈元萇墓誌〉等作「族」，〔註95〕北魏〈元倪墓誌〉等作「族」，〔註96〕南朝宋〈爨龍顏碑〉等作「挨」，〔註97〕北魏〈鄭文公碑〉等作「�」，〔註98〕北魏〈寇治墓誌〉等作「㝱」，〔註99〕抑或北魏〈張黑女墓誌〉等作「袪」，〔註100〕雖皆源自《說文解字》，屬小篆系統，唯皆有訛變。唐代如歐陽詢〈皇甫誕碑〉作「族」，〔註101〕褚遂良〈房玄齡碑〉等作「族」，〔註102〕顏眞卿〈王琳墓誌〉等作「族」，〔註103〕其右下之「矢」皆有訛變；至若〈昭仁寺碑〉等作「族」，〔註104〕右下作「矢」，則爲據《說文解字》小篆而改作之寫法。

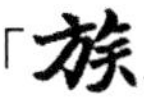

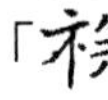

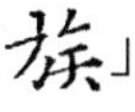

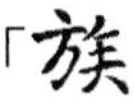

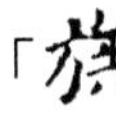

〔註91〕李宗焜，《甲骨文字編》，下冊，頁964。
〔註92〕容庚，《金文編》，第七・七，見：《金文編／續金文編》，頁405。
〔註93〕丁福保，《說文解字詁林》，第六冊，頁184。
〔註94〕丁福保，《說文解字詁林》，第六冊，頁184。
〔註95〕禚效峰等，《漢隸魏碑字典》，下卷，頁875～876；鄭聰明，《北魏隋墓誌銘字典》，頁419；伏見冲敬，《書法大字典》，下冊，頁1019。
〔註96〕禚效峰等，《漢隸魏碑字典》，下卷，頁875～876。
〔註97〕禚效峰等，《漢隸魏碑字典》，上卷，頁876；鄭聰明，《北魏隋墓誌銘字典》，頁418～419；伏見冲敬，《書法大字典》，下冊，頁1019。
〔註98〕禚效峰等，《漢隸魏碑字典》，上卷，頁876；鄭聰明，《北魏隋墓誌銘字典》，頁419；伏見冲敬，《書法大字典》，下冊，頁1019。
〔註99〕伏見冲敬，《書法大字典》，下冊，頁1019。
〔註100〕禚效峰等，《漢隸魏碑字典》，下卷，頁876；鄭聰明，《北魏隋墓誌銘字典》，頁418；伏見冲敬，《書法大字典》，下冊，頁1019。
〔註101〕二玄社，《唐歐陽詢皇甫誕碑》，頁10。
〔註102〕二玄社，《唐歐陽通道因法師碑／泉男生墓誌銘》，頁48；二玄社，《唐褚遂良房玄齡碑》，頁16。
〔註103〕文物出版社，《唐顏眞卿書王琳墓誌銘》，頁5、12；顏眞卿，《畫贊碑》，頁123；二玄社，《唐顏眞卿顏氏家廟碑》，下冊，頁72。
〔註104〕二玄社，《唐昭仁寺碑》，頁40；二玄社，《唐褚遂良伊闕佛龕碑》，頁42。

5、「魚」字

甲骨文作「![甲骨1]」、「![甲骨2]」、「![甲骨3]」、「![甲骨4]」、「![甲骨5]」……等形，〔註105〕皆象魚形。

金文作「![金文1]」、「![金文2]」、「![金文3]」、「![金文4]」、「![金文5]」、「![金文6]」……等形，〔註106〕前三形酷似魚形，後三形則逐漸抽象化。

《說文解字》云：

![篆]，水蟲也，象形；魚尾與燕尾相似。〔註107〕

「魚」字楷書，唐代之前無論北魏〈張猛龍碑〉等之作「魚」，〔註108〕魚尾縮短爲四點；北魏〈皇甫麟墓誌〉等之作「魚」，〔註109〕魚尾由若「火」訛爲「大」；北魏〈魚玄明專誌〉等之作「魚」，〔註110〕魚尾由四點省作三點；抑或北魏〈張黑女墓誌〉等之作「魚」，〔註111〕魚尾由三點而訛若「小」；以上四種寫法固皆源自石鼓文與《說文解字》，屬小篆系統，唯皆有訛變。唐代如顏師古〈等慈寺碑〉等作「魚」，〔註112〕與〈張猛龍碑〉等相同；至若歐陽通〈道因法師碑〉等作「魚」，〔註113〕其下若「火」，則爲據《說文解字》小篆而改作之寫法。

6、「殿」字

甲骨文缺。

〔註105〕李宗焜，《甲骨文字編》，中冊，頁 655～656。
〔註106〕容庚，《金文編》，第一一·一〇，見：《金文編／續金文編》，頁 621～622。
〔註107〕丁福保，《說文解字詁林》，第九冊，頁 812。
〔註108〕禚效峰等，《漢隸魏碑字典》，上卷，頁 596；鄭聰明，《北魏隋墓誌銘字典》，頁 893；伏見沖敬，《書法大字典》，下冊，頁 2534。
〔註109〕鄭聰明，《北魏隋墓誌銘字典》，頁 893；伏見沖敬，《書法大字典》，下冊，頁 2534。
〔註110〕伏見沖敬，《書法大字典》，下冊，頁 2534；禚效峰等，《漢隸魏碑字典》，上卷，頁 596。
〔註111〕禚效峰等，《漢隸魏碑字典》，上卷，頁 596；鄭聰明，《北魏隋墓誌銘字典》，頁 893；伏見沖敬，《書法大字典》，下冊，頁 2534。
〔註112〕二玄社，《唐顏師古等慈寺碑》，頁 41；二玄社，《唐柳公權玄祕塔碑》，頁 6、8。
〔註113〕二玄社，《唐歐陽通道因法師碑》，頁 20；文物出版社，《唐顏眞卿書王琳墓誌銘》，頁 17；浙江人民美術社，《顏眞卿書郭虛己墓志》，頁 59；唐·顏眞卿，《晝贊碑》，頁 111、120；二玄社，《唐顏眞卿顏氏家廟碑》，下冊，頁 84。

金文缺。

《說文解字》云：

〔圖〕，擊聲也，从殳、屍聲。〔註114〕

「殿」字楷書，唐代之前無論北魏〈元佑墓誌〉等之作「殿」，〔註115〕北魏〈裴譚墓誌〉等之作「殿」，〔註116〕抑或隋〈董美人墓誌〉等之作「殿」，〔註117〕其左旁下方皆若「共」，固源自《說文解字》，唯已有訛變。唐代如〈昭仁寺碑〉等作「殿」，〔註118〕或薛曜〈夏日遊石淙詩〉等作「殿」，〔註119〕其左旁下方皆若「共」，與北朝諸碑相同；至若顏眞卿〈麻姑山仙壇記〉等作「殿」，〔註120〕「尸」下作二「丌」相疊，則爲據《說文解字》小篆而改作之寫法。

7、「嘗」字

甲骨文缺。

金文作「嘗」、「嘗」、「嘗」、「嘗」……等形，〔註121〕前二形「从旨、从尙省」，〔註122〕後二形从旨、尙聲。

《說文解字》云：

〔圖〕，口味也，从旨、尙聲。〔註123〕

〔註114〕丁福保，《說文解字詁林》，第三冊，頁1130。

〔註115〕禚效峰等，《漢隸魏碑字典》，上卷，頁990；鄭聰明，《北魏隋墓誌銘字典》，頁494；伏見冲敬，《書法大字典》，上冊，頁1230。

〔註116〕禚效峰等，《漢隸魏碑字典》，上卷，頁990；鄭聰明，《北魏隋墓誌銘字典》，頁494；伏見冲敬，《書法大字典》，上冊，頁1230。

〔註117〕鄭聰明，《北魏隋墓誌銘字典》，頁494；伏見冲敬，《書法大字典》，上冊，頁1230。

〔註118〕二玄社，《唐昭仁寺碑》，頁44、65；二玄社，《唐歐陽詢九成宮醴泉銘》，頁9；二玄社，《唐顏師古等慈寺碑》，頁79；二玄社，《唐魏棲梧善才寺碑》，頁27；浙江人民美術社，《顏眞卿書郭虛己墓誌》，頁4；顏眞卿，《畫贊碑》，頁109；二玄社，《唐顏眞卿顏勤禮碑》，頁65；二玄社，《唐柳公權左神策軍紀聖德碑》，頁5。

〔註119〕二玄社，《唐薛曜夏日遊石淙詩》，頁52、88、99、102。

〔註120〕二玄社，《唐顏眞卿麻姑山仙壇記》，頁49；二玄社，《唐顏眞卿顏氏家廟碑》，下冊，頁30、32、41；二玄社，《唐柳公權玄祕塔碑》，頁7、28、31、34。

〔註121〕容庚，《金文編》，第五‧一五，見：《金文編／續金文編》，頁293～294。

〔註122〕容庚，《金文編》，第五‧一五，見：《金文編／續金文編》，頁293。

〔註123〕丁福保，《說文解字詁林》，第四冊，頁1276。

「嘗」字楷書，唐代之前如王羲之〈蘭亭敘〉等作「嘗」，〔註124〕从甘、尚聲，當爲「嘗」之或體字，屬於小篆系統。唐代如歐陽詢〈化度寺碑〉等作「嘗」，〔註125〕「尚」下从「甘」，與〈蘭亭敘〉等相同，固亦屬於小篆系統；而歐陽詢〈化度寺碑〉另處作「嘗」，〔註126〕其下从「旨」，唯「旨」之上方从「人」，異於《說文解字》「旨」字之从「匕」。若顏眞卿〈顏氏家廟碑〉作「嘗」，〔註127〕則爲據《說文解字》小篆而改作之寫法。

8、「蓋」字

甲骨文缺；唯有「盍」字作「盍」。〔註128〕

金文作「盍」或「盍」，〔註129〕前者不从艸，乃器蓋之「盍」字。〔註130〕

秦漢金文作「蓋」、「蓋」、「蓋」、「蓋」……等形，〔註131〕第一形源自周代金文之第二形，第二、第三形省去「皿」上之「凵」，第四形則「皿」衍爲「血」，與《說文解字》小篆相同。

《說文解字》云：

蓋，苫也，从艸、盍聲。〔註132〕

「蓋」字楷書，唐代之前如北魏〈嵩高靈廟碑〉等作「蓋」，〔註133〕源自秦漢金文第二、第三兩形，屬於小篆系統。唐代如〈昭仁寺碑〉等作

〔註124〕二玄社，《東晉王羲之蘭亭敘七種》（東京，1982），頁27；杭迫柏樹，《王羲之書法字典》，頁142；伏見冲敬，《書法大字典》，上冊，頁387。

〔註125〕二玄社，《唐歐陽詢化度寺碑／溫彥博碑》，頁13、15；文物出版社，《唐顏眞卿書王琳墓誌銘》，頁11；浙江人民美術社，《顏眞卿書郭虛己墓志》，頁96；顏眞卿，《畫贊碑》，頁105；二玄社，《唐顏眞卿顏勤禮碑》，頁35；上海書畫出版社，《顏眞卿元次山碑》，頁20、86、94；二玄社，《唐柳公權玄秘塔碑》，頁25、45；二玄社，《唐柳公權左神策軍紀聖德碑》，頁46。

〔註126〕二玄社，《唐歐陽詢化度寺碑／溫彥博碑》，頁20。

〔註127〕二玄社，《唐顏眞卿顏氏家廟碑》，上冊，頁64、73；。

〔註128〕李宗焜，《甲骨文字編》，上冊，頁94。

〔註129〕容庚，《金文編》，第一·一六，見：《金文編／續金文編》，頁63。

〔註130〕孔仲溫云：「『盍』字……最初皆是指器蓋相合的容器，其後除了有名詞變動詞的詞性演變之外，名詞意義後來也逐漸縮小範圍，專指容器相合的器蓋。」見：古文字詁林編纂委員會，《古文字詁林》，第5冊，頁248。

〔註131〕容庚，《續金文編》，第一·九，見：《金文編／續金文編》，頁1254。

〔註132〕丁福保，《說文解字詁林》，第二冊，頁840。

〔註133〕禚效峰等，《漢隸魏碑字典》，下卷，頁878；鄭聰明，《北魏隋墓誌銘字典》，頁708～709；伏見冲敬，《書法大字典》，下冊，頁1924。

「盖」，〔註134〕與〈嵩高靈廟碑〉等相同，固亦屬於小篆系統；若顏眞卿〈麻姑山仙壇記〉作「益」，〔註135〕，則爲據秦漢金文第四形與《說文解字》小篆而改作之寫法。

9、「薛」字

甲骨文作「 」、「 」、「 」、「 」……等形，〔註136〕

金文作、「 」、「 」、「 」、「 」……等形，〔註137〕

《說文解字》云：

薛，艸也，从艸、辪聲。〔註138〕

「薛」字楷書，唐代之前無論北魏〈魏靈藏造像記〉等之作「薛」，〔註139〕北魏〈元鑒之墓誌〉之作「薛」，〔註140〕抑或北魏〈元顯魏墓誌〉之作「薛」，〔註141〕右旁「辛」下皆作三橫。唐代無論〈昭仁寺碑〉作「薛」，〔註142〕下段左旁之上方有撇，固源自《說文解字》；至若顏眞卿〈顏勤禮碑〉等作「薛」，〔註143〕下右之「辛」下作二橫，則爲據《說文解字》小篆而改作之寫法。

〔註134〕二玄社，《唐昭仁寺碑》，頁 11；二玄社，《唐歐陽詢化度寺碑／溫彥博碑》，頁 6；二玄社，唐歐陽詢九成宮醴泉銘》，頁 26；二玄社，《唐顏師古等慈寺碑》，頁 15、56、58、70；二玄社，《唐褚遂良伊闕佛龕碑》，頁 64；二玄社，《唐褚遂良孟法師碑》，頁 25；二玄社，《唐褚遂良房玄齡碑》，頁 4；二玄社，《唐褚遂良雁塔聖教序》，頁 5、36、42；二玄社，《唐歐陽通道因法師碑／泉男生墓誌銘》，頁 47、49、56；二玄社，《唐薛曜夏日遊石淙詩》，頁 56；二玄社，《唐張旭古詩四帖／郎官石記／肚痛帖》，頁 45；二玄社，《唐顏眞卿多寶塔碑》，頁 35、39；顏眞卿，《畫贊碑》，頁 46、130；上海書畫出版社，《顏眞卿元次山碑》，頁 7；二玄社，《唐柳公權玄秘塔碑》，頁 19、46。

〔註135〕二玄社，《唐顏眞卿麻姑山仙壇記》，頁 43。

〔註136〕李宗焜，《甲骨文字編》，下冊，頁 977。

〔註137〕容庚，《金文編》，第一‧一四，見：《金文編／續金文編》，頁 60。

〔註138〕丁福保，《說文解字詁林》，第二冊，頁 550。

〔註139〕禚效峰等，《漢隸魏碑字典》，下卷，頁 1028；伏見冲敬，《書法大字典》，下冊，頁 1938。

〔註140〕禚效峰等，《漢隸魏碑字典》，下卷，頁 1028。

〔註141〕伏見冲敬，《書法大字典》，下冊，頁 1938。

〔註142〕二玄社，《唐昭仁寺碑》，頁 24。

〔註143〕二玄社，《唐顏眞卿顏勤禮碑》，頁 52；二玄社，《唐顏眞卿顏氏家廟碑》，上冊，頁 7、94。

10、「隱」字

甲骨文缺。

金文缺。

《說文解字》云：

隱，蔽也，从阜、㥯聲。〔註144〕

「隱」字楷書，唐代之前無論北魏〈檀賓墓誌〉等之作「隱」，〔註145〕右旁「爪」下無「工」；北魏〈裴譚墓誌之作「隱」，〔註146〕右旁「工」上無「爪」；抑或北魏〈大代華嶽廟碑〉等之作「隱」，〔註147〕右旁「爪」已訛變，而其下無「工」；蓋皆源自漢代隸書如〈郙閣頌〉等之作「隱」。〔註148〕至若東魏〈元湛墓誌〉之作「隱」，〔註149〕則源自《說文解字》，而「工」訛作「王」。唐代如褚遂良〈伊闕佛龕碑〉等作「隱」，〔註150〕其文字構造與〈檀賓墓誌〉等相同；虞世南〈孔子廟堂碑〉等作「隱」，〔註151〕其文字構造與〈大代華嶽廟碑〉等相同；至若〈昭仁寺碑〉等作「隱」，〔註152〕則爲據《說文解字》小篆而改作之寫法。

（三）唐代新增之小篆系統楷書

所謂「唐代新增之小篆系統楷書」者，指唐代之前的楷書尚無源自小篆之寫法，而爲唐代新增者，例如——

〔註144〕丁福保，《說文解字詁林》，第十一冊，頁501。
〔註145〕伏見冲敬，《書法大字典》，下冊，頁2382；禚效峰等，《漢隸魏碑字典》，下卷，頁896。
〔註146〕禚效峰等，《漢隸魏碑字典》，下卷，頁896。
〔註147〕伏見冲敬，《書法大字典》，下冊，頁2382。
〔註148〕二玄社，《漢郙閣頌唐》，頁14、29；李靜，《隸書字典》，頁555。
〔註149〕伏見冲敬，《書法大字典》，下冊，頁2382。
〔註150〕二玄社，《唐褚遂良伊闕佛龕碑》，頁64；二玄社，《唐歐陽通道因法師碑》，頁23、59；二玄社，《唐薛曜夏日遊石淙詩》，頁71之2。
〔註151〕二玄社，《唐虞世南孔子廟堂碑》，頁31；二玄社，《唐顏師古等慈寺碑》，頁57；二玄社，《唐褚遂良雁塔聖教序》，頁10；二玄社，《唐褚遂良房玄齡碑》，頁13；二玄社，《唐薛曜夏日遊石淙詩》，頁62、71之1、83；二玄社，《唐歐陽通道因法師碑／泉男生墓誌銘》，頁60。
〔註152〕二玄社，《唐昭仁寺碑》，頁26；顏真卿，《畫贊碑》，頁71；二玄社，《唐顏真卿顏勤禮碑》，頁90；二玄社，《唐顏真卿顏氏家廟碑》，下冊，頁66。

1、「旨」字

甲骨文作「✑」或「✑」，〔註153〕皆从口、匕聲。

金文作「✑」、「✑」、「✑」，〔註154〕第一形从口、匕聲；第二形匕之縱向筆畫中央加一橫，若「千」之反文；第三形從甘、匕聲。

《說文解字》云：

旨，美也，从甘、匕聲。……旨，古文旨。〔註155〕

「旨」字楷書，唐代之前，無論北魏〈高廣墓誌〉等之作「旨」，〔註156〕抑或北魏〈崔敬邕墓誌〉等之作「旨」，〔註157〕其上蓋皆从「人」，源自甲骨文，故屬於大篆系統。唐代如歐陽詢〈九成宮醴泉銘〉等作「旨」，〔註158〕或虞世南〈孔子廟堂碑〉等作「旨」，〔註159〕其上蓋皆从「人」，故屬於大篆系統；至若柳公權〈玄祕塔碑〉等作「旨」，〔註160〕其上从「匕」，則源自《說文解字》之寫法，乃唐代新增之小篆系統楷書。

2、「罕」字

甲骨文缺。

金文缺。

《說文解字》云：

罕，网也，从网、干聲。〔註161〕

「罕」字楷書，唐代之前，無論北魏〈元誨墓誌〉等之作「罕」，〔註162〕

〔註153〕李宗焜，《甲骨文字編》，上冊，頁12。

〔註154〕容庚，《金文編》，第五・一五，見：《金文編／續金文編》，頁293。

〔註155〕丁福保，《說文解字詁林》，第四冊，頁1275。

〔註156〕鄭聰明，《北魏隋墓誌銘字典》，頁425；伏見冲敬，《書法大字典》，上冊，頁1072。

〔註157〕禚效峰等，《漢隸魏碑字典》，上卷，頁372；鄭聰明，《北魏隋墓誌銘字典》，頁425；伏見冲敬，《書法大字典》，上冊，頁1072。

〔註158〕二玄社，《唐歐陽詢九成宮醴泉銘》，頁38。

〔註159〕二玄社，《唐虞世南孔子廟堂碑》，頁27；二玄社，《唐褚遂良孟法師碑》，頁16；二玄社，《唐褚遂良雁塔聖教序》，頁12、36、37、50、54；二玄社，《唐顏眞卿多寶塔碑》，頁28。

〔註160〕二玄社，《唐柳公權玄祕塔碑》，頁17、25；二玄社，《唐柳公權左神策軍紀聖德碑》，頁4。

〔註161〕丁福保，《說文解字詁林》，第六冊，頁950。

〔註162〕禚效峰等，《漢隸魏碑字典》，上卷，頁496；伏見冲敬，《書法大字典》，下冊，頁1754。

抑或北齊〈劉碑等造像記〉等之作「罕」，〔註163〕其上段蓋皆源自甲骨文「网」之作「网」而稍有訛變，〔註164〕，故屬於大篆系統。唐代無論虞世南〈孔子廟堂碑〉之作「罕」，〔註165〕其上段源自甲骨文之「网」而隸化；抑或〈昭仁寺碑〉等之作「罕」，〔註166〕與〈元誨墓誌〉等相同，皆屬於屬於大篆系統；至若褚遂良〈雁塔聖教序〉作「罕」，〔註167〕其上作「罒」，則源自《說文解字》之寫法，乃唐代新增之小篆系統楷書。

3、「帥」字

甲骨文缺。

金文作「帥」、「帥」、「帥」、「帥」、「帥」、「帥」……等形，〔註168〕前三形似从二戶、从巾，第四形似从二戶、从市，第五形似从二戶、从二市，最後一形則从戶、从巾。

《說文解字》云：

帥，佩巾也，从巾、𠂤。帨，帥或从兌。〔註169〕

「帥」字楷書，唐代之前如北周〈匹婁歡墓誌〉等作「帥」，〔註170〕左上無撇畫，蓋源自金文，故屬於大篆系統。唐代如〈五經文字〉作「帥」，〔註171〕左上有撇畫，則源自《說文解字》之寫法，乃唐代新增之小篆系統楷書。

4、「悉」字

甲骨文缺。

金文缺。

《說文解字》云：

悉，詳盡也，从心、从釆。𢙷，古文悉。〔註172〕

〔註163〕伏見沖敬，《書法大字典》，下冊，頁1754。
〔註164〕李宗焜，《甲骨文字編》，下冊，頁1126。
〔註165〕二玄社，《唐虞世南孔子廟堂碑》，頁4。
〔註166〕二玄社，《唐昭仁寺碑》，頁13；張旭，〈嚴仁墓誌〉，第13行第6字；二玄社，《唐顏真卿多寶塔碑》，頁40。
〔註167〕二玄社，《唐褚遂良雁塔聖教序》，頁6。
〔註168〕容庚，《金文編》，第七‧三八，見：《金文編／續金文編》，頁468。
〔註169〕丁福保，《說文解字詁林》，第六冊，頁999。
〔註170〕伏見沖敬，《書法大字典》，上冊，頁690。
〔註171〕伏見沖敬，《書法大字典》，上冊，頁690。
〔註172〕丁福保，《說文解字詁林》，第二冊，頁1025。

　　「悉」字楷書，唐代之前無論北魏〈李瞻墓誌〉等之作「悉」，〔註173〕
上段若「米」；或北魏〈裴譚墓誌〉之作「悉」，〔註174〕上段之中豎僅止於下
橫。二種寫法之最上方均無撇畫，源自「釆」字甲骨文之作「米」，〔註175〕
故屬於大篆系統。唐代如：歐陽通〈道因法師碑〉作「悉」，〔註176〕上段若
「米」，與〈李瞻墓誌〉等相同；柳公權〈金剛經〉等作「悉」，〔註177〕上段
之中豎僅止於下橫，與〈裴譚墓誌〉相同。上舉二種寫法均屬於大篆系統。
若顏眞卿〈元結墓表〉等作「悉」，〔註178〕上段明作「釆」，則源自《說文解
字》之寫法，乃唐代新增之小篆系統楷書。

　　5、「就」字
　　甲骨文缺。
　　金文缺。
　　《說文解字》云：

　　　　　就，就高也，從京、从尤；尤，異於凡也。　就，籀文就。〔註179〕
按：徐灝《說文解字注箋》謂「就，即也；……尤當爲聲」。〔註180〕其說可從。
　　「就」字楷書，唐代之前無論北魏〈石門銘〉等之作「就」，〔註181〕
北魏〈元顯俊墓誌〉等之作「就」，〔註182〕抑或北魏〈元詳造像記〉等之作
「就」，〔註183〕其左旁「京」之中段若「日」，源自甲骨文與金文，屬於大

〔註173〕禚效峰等，《漢隸魏碑字典》，下卷，頁868；鄭聰明，《北魏隋墓誌銘字典》，
　　　　　頁359；伏見冲敬，《書法大字典》，上冊，頁832。
〔註174〕禚效峰等，《漢隸魏碑字典》，下卷，頁868。
〔註175〕李宗焜，《甲骨文字編》，中冊，頁687。
〔註176〕二玄社，《唐歐陽通道因法師碑》，頁21。
〔註177〕大眾書局，《柳公權書金剛經》，頁16（2）、57（2）、60（2）、65、84；二玄
　　　　　社，《唐柳公權玄祕塔碑》，頁33、34。
〔註178〕上海書畫出版社，《顏眞卿元次山碑》，頁27、33；二玄社，《唐顏眞卿顏氏
　　　　　家廟碑》，下冊，頁73。
〔註179〕丁福保，《說文解字詁林》，第五冊，頁249。
〔註180〕丁福保，《說文解字詁林》，第五冊，頁249。
〔註181〕禚效峰等，《漢隸魏碑字典》，下卷，頁935；伏見冲敬，《書法大字典》，上
　　　　　冊，頁626。
〔註182〕禚效峰等，《漢隸魏碑字典》，下卷，頁935～936；鄭聰明，《北魏隋墓誌銘
　　　　　字典》，頁289；伏見冲敬，《書法大字典》，上冊，頁626。
〔註183〕禚效峰等，《漢隸魏碑字典》，下卷，頁935～936；鄭聰明，《北魏隋墓誌銘
　　　　　字典》，頁289；伏見冲敬，《書法大字典》，上冊，頁626。

篆系統。唐代如：顏師古〈等慈寺碑〉等作作「就」，〔註184〕左旁「京」之中段若「日」，其文字構造與〈石門銘〉等相同，亦屬於大篆系統；至若柳公權〈金剛經〉一作「就」，〔註185〕「京」之中段若「口」，則源自《說文解字》之寫法，乃唐代新增之小篆系統楷書。

6、「嵩」字

甲骨文缺。

金文缺。

《說文解字》云：

嵩，中嶽嵩高山也，从山、从高，亦从松。〔註186〕

「嵩」字楷書，唐代之前無論北魏〈元文墓誌〉等之作「嵩」，〔註187〕北魏〈寇演墓誌〉等之作「嵩」，〔註188〕抑或北魏〈皇甫麟墓誌〉等之作「嵩」，〔註189〕其下方「高」字寫法，源自甲骨文與金文，屬於大篆系統。唐代如〈溫彥博碑〉等作「嵩」，〔註190〕其文字構造與〈元文墓誌〉等相同，屬於大篆系統；至若歐陽通〈道因法師碑〉作「嵩」，〔註191〕「高」之中段若「口」，則源自《說文解字》之寫法，乃唐代新增之小篆系統楷書。

〔註184〕二玄社，《唐顏師古等慈寺碑》，頁 60；二玄社，《唐道因法師碑／泉男生墓誌銘》，頁 53、58、61、64、67；二玄社，《唐薛曜夏日遊石淙詩》，頁 14；文物出版社，《唐顏真卿書王琳墓誌銘》，頁 9；浙江人民美術社，《顏真卿書郭虛己墓志》，頁 39；二玄社，《唐顏真卿多寶塔碑》，頁 24、47；大眾書局，《柳公權書金剛經》，頁 38、57、60；二玄社，《唐柳公權玄祕塔碑》，頁 37；二玄社，《唐柳公權左神策軍紀聖德碑》，頁 34。

〔註185〕大眾書局，《柳公權書金剛經》，頁 45。

〔註186〕丁福保，《說文解字詁林》，第八冊，頁 68。

〔註187〕禚效峰等，《漢隸魏碑字典》，下卷，頁 972；鄭聰明，《北魏隋墓誌銘字典》，頁 298；伏見冲敬，《書法大字典》，上冊，頁 661。

〔註188〕禚效峰等，《漢隸魏碑字典》，下卷，頁 972；鄭聰明，《北魏隋墓誌銘字典》，頁 298；伏見冲敬，《書法大字典》，上冊，頁 661。

〔註189〕鄭聰明，《北魏隋墓誌銘字典》，頁 298；伏見冲敬，《書法大字典》，上冊，頁 661。

〔註190〕二玄社，《唐歐陽詢化度寺碑／溫彥博碑》，頁 32；二玄社，《唐歐陽詢皇甫誕碑》，頁 15；二玄社，《唐褚遂良伊闕佛龕碑》，頁 65；二玄社，《唐褚遂良雁塔聖教序》，頁 45；二玄社，《唐薛曜夏日遊石淙詩》，頁 32、97；二玄社，《唐魏棲梧善才寺碑》，頁 32。

〔註191〕二玄社，《唐歐陽通道因法師碑》，頁 19 之 2。

7、「僧」字

甲骨文缺。

金文缺。

《說文解字》云：

僧，浮屠道人也，从人、曾聲。〔註192〕

「僧」字楷書，唐代之前，無論北魏〈沙丘城造像記〉等之作「僧」，
〔註193〕北魏〈比丘道匠造像記〉等之作「僧」，〔註194〕抑或北齊〈劉碑等
造像記〉等之作「僧」，〔註195〕其右旁「曾」之寫法皆源自甲骨文與金文，
屬於大篆系統。唐代如〈昭仁寺碑〉等作「僧」，〔註196〕與〈沙丘城造像記〉
等相同，屬於大篆系統；至若歐陽通〈道因法師碑〉等作「僧」，〔註197〕則
源自《說文解字》之寫法，乃唐代新增之小篆系統楷書。

8、「槐」字

甲骨文缺。

金文缺。

《說文解字》云：

槐，木也，从木、鬼聲。〔註198〕

「槐」字楷書，唐代之前，如：北魏〈刁遵墓誌〉等作「槐」，〔註199〕

〔註192〕丁福保，《說文解字詁林》，第七冊，頁328。
〔註193〕禚效峰等，《漢隸魏碑字典》，下卷，頁1001；鄭聰明，《北魏隋墓誌銘字典》，
　　　　頁94；伏見冲敬，《書法大字典》，上冊，頁141。
〔註194〕禚效峰等，《漢隸魏碑字典》，下卷，頁1001；鄭聰明，《北魏隋墓誌銘字典》，
　　　　頁94；伏見冲敬，《書法大字典》，上冊，頁141。
〔註195〕伏見冲敬，《書法大字典》，上冊，頁141。
〔註196〕二玄社，《唐昭仁寺碑》，頁67、75；二玄社，《唐歐陽詢化度寺碑／溫彥博
　　　　碑》，頁6、12；二玄社，《唐褚遂良伊闕佛龕碑》，頁29；二玄社，《唐道因
　　　　法師碑／泉男生墓誌銘》，頁57；二玄社，《唐顏真卿多寶塔碑》，頁12、23、
　　　　25、27、34、48、53；大眾書局，《柳公權書金剛經》，頁65、111、115；二
　　　　玄社，《唐柳公權玄祕塔碑》，頁4、11、12、17、31、41。
〔註197〕二玄社，《唐歐陽通道因法師碑》，頁25、26、29；伏見冲敬，《書法大字典》，
　　　　上冊，頁141。
〔註198〕丁福保，《說文解字詁林》，第五冊，頁539。
〔註199〕禚效峰等，《漢隸魏碑字典》，下卷，頁962；鄭聰明，《北魏隋墓誌銘字典》，
　　　　頁478；伏見冲敬，《書法大字典》，上冊，頁1170。

从木、鬼聲；或〈魏靈藏造像記〉作「槐」，〔註200〕从木、鬼聲。二者右上皆若「田」，乃源自甲骨文、鐘鼎文「鬼」自之寫法，屬於大篆系統。唐代如：虞世南〈孔子廟堂碑〉等作「槐」，〔註201〕右上若「田」，與〈刁遵墓誌〉等相同，屬於大篆系統；若〈孔穎達碑〉作「槐」，〔註202〕右上作「由」，則源自《說文解字》之寫法，乃唐代新增之小篆系統楷書。

9、「影」字

甲骨文缺。

金文缺。

《說文解字》缺。

按：「影」字从彡、景聲，其本義當與「毛髮藻飾之事」有關。〔註203〕光影、影響字原應作「景」；「晉代葛洪《字苑》始加彡爲影」。〔註204〕

「影」字楷書，唐代之前僅有一種寫法，如：北魏〈元文墓誌〉等作「影」，〔註205〕左旁之中段若「日」，源自甲骨文與金文「京」字，屬於大篆系統。唐代則有二種寫法，如：〈昭仁寺碑〉等作「影」，〔註206〕左旁之中段若「日」，與〈元文墓誌〉等相同，亦屬於大篆系統；若顏眞卿〈王琳墓誌〉等作「影」，〔註207〕左旁上方之「日」作「囗」，固爲避唐睿宗之名諱而缺筆；〔註208〕而左旁之中段若「口」，則源自《說文解字》之寫法，乃唐代新增之小篆系統楷書。

〔註200〕禚效峰等，《漢隸魏碑字典》，下卷，頁 962；伏見冲敬，《書法大字典》，上冊，頁 832。
〔註201〕二玄社，《唐虞世南孔子廟堂碑》，頁 26；二玄社，《唐歐陽詢皇甫誕碑》，頁 9。
〔註202〕二玄社，《唐裴鏡民碑／孔穎達碑》，頁 63。
〔註203〕徐鉉説，見：丁福保，《説文解字詁林》，第十一冊，頁 1009。
〔註204〕張玉書等編、渡部溫訂正、嚴一萍校正，《康熙字典》，上冊，頁 834 引《顏氏家訓》。
〔註205〕禚孝峰等，《漢隸魏碑字典》，下卷，頁 1013；鄭聰明，《北魏隋墓誌銘字典》，頁 33；伏見冲敬，《書法大字典》，上冊，頁 771。
〔註206〕二玄社，《唐昭仁寺碑》，頁 55、65；二玄社，《唐歐陽詢化度寺碑／溫彥博碑》，頁 8、15；二玄社，《唐褚遂良伊闕佛龕碑》，頁 72；二玄社，《唐褚遂良雁塔聖教序》，頁 14、22；二玄社，《唐歐陽通道因法師碑》，頁 64；二玄社，《唐道因法師碑／泉男生墓誌銘》，頁 65；二玄社，《唐薛曜夏日遊石淙詩》，頁 33、38。
〔註207〕文物出版社，《唐顏眞卿書王琳墓誌銘》，頁 19；二玄社，《唐顏眞卿多寶塔碑》，頁 30。
〔註208〕參見本書前言之二「旦」字下。

10、「釋」字

甲骨文缺。

金文缺。

《說文解字》云：

釋，解也，从釆，釆，取其分別物也，从睪聲。〔註209〕

「釋」字楷書，唐代之前僅有一種寫法，如：北魏〈魏靈藏造像〉等作「釋」，〔註210〕左旁若「米」，源自甲骨文「釆」字寫法（見本節「悉」字）。唐代則有二種寫法，如：虞世南〈孔子廟堂碑〉等作「釋」，〔註211〕或顏師古〈等慈寺碑〉作「釋」，〔註212〕或歐陽通〈道因法師碑〉作「釋」，〔註213〕或柳公權〈金剛經〉作「釋」，〔註214〕其左旁皆若「米」，與〈魏靈藏造像〉等，亦屬於大篆系統；若柳公權〈左神策軍紀聖德碑〉作「釋」，〔註215〕左从「釆」，右上有撇，則源自《說文解字》之寫法，乃唐代新增之小篆系統楷書。

此外，尚有多字亦為唐代新增之小篆系統楷書。例如——

11、「光」字，顏眞卿〈王琳墓誌〉等作「光」，〔註216〕其上作「火」，源自《說文解字》之寫法，〔註217〕乃唐代新增之小篆系統楷書。

12、「京」字，顏眞卿〈東方朔畫贊碑〉等作「京」，〔註218〕，源自《說文解字》之寫法，〔註219〕乃唐代新增之小篆系統楷書。

〔註209〕丁福保，《說文解字詁林》，第二冊，頁1026。

〔註210〕禚效峰等，《漢隸魏碑字典》，下卷，頁932；鄭聰明，《北魏隋墓誌銘字典》，頁821；伏見冲敬，《書法大字典》，下冊，頁2290。

〔註211〕二玄社，《唐虞世南孔子廟堂碑》，頁26；二玄社，《唐褚遂良雁塔聖教序》，頁51；二玄社，《唐歐陽通道因法師碑》，頁22、23；二玄社，《唐顏眞卿多寶塔碑》，頁9、13；上海書畫出版社，《顏眞卿元次山碑》，頁51。

〔註212〕二玄社，《唐顏師古等慈寺碑》，頁78。

〔註213〕二玄社，《唐歐陽通道因法師碑》，頁22、50。

〔註214〕大眾書局，《柳公權書金剛經》，頁73、74。

〔註215〕二玄社，《唐柳公權左神策軍紀聖德碑》，頁56。

〔註216〕文物出版社，《唐顏眞卿書王琳墓誌銘》，頁20；二玄社，《唐顏眞卿顏勤禮碑》，頁94；二玄社，《唐顏眞卿麻姑山仙壇記》，頁22、61；二玄社，《唐顏眞卿顏氏家廟碑》，上冊，頁9、27、28、100；下冊，頁73、89。

〔註217〕說見：本書前言之四。

〔註218〕顏眞卿，《畫贊碑》，頁54；二玄社，《唐顏眞卿顏勤禮碑》，頁12、24、43、60、77、85；顏眞卿，《大唐中興頌》，頁51、53；二玄社，《唐顏眞卿顏氏家廟碑》，下冊，頁46、56；二玄社，《唐柳公權左神策軍紀聖德碑》，頁56。

〔註219〕說見：本書前言之四。

13、「宜」字，顏眞卿〈顏氏家廟碑〉一作「宜」，〔註220〕源自《說文解字》之寫法，〔註221〕乃唐代新增之小篆系統楷書。

14、「明」字，〈昭仁寺碑〉等作「朙」，〔註222〕源自《說文解字》之寫法，〔註223〕乃唐代新增之小篆系統之楷書。

15、「岡」字，顏眞卿〈麻姑山仙壇記〉作「岡」，〔註224〕源自《說文解字》之寫法，〔註225〕乃唐代新增之小篆系統之楷書。

16、「皆」字，顏眞卿〈麻姑山仙壇記〉等作「皆」，〔註226〕其下從「白」，源自《說文解字》，〔註227〕乃唐代新增之小篆系統楷書。

17、「習」字，薛稷〈信行禪師碑〉一作「習」，〔註228〕其下從「白」，源自《說文解字》之寫法，〔註229〕乃唐代新增之小篆系統之楷書。

18、「景」字，顏眞卿〈多寶塔碑〉作「景」，〔註230〕上方之「日」缺筆作「口」，而「京」之中段若「口」；顏眞卿〈顏氏家廟碑〉作「景」，〔註231〕二者之「京」字中段皆若「口」，源自《說文解字》之寫法，〔註232〕乃唐代新增之小篆系統楷書。

〔註220〕二玄社，《唐顏眞卿顏氏家廟碑》，下冊，頁78。
〔註221〕說見：本書前言之四。
〔註222〕二玄社，《唐昭仁寺碑》，頁 19、50、55、60；二玄社，《唐裴鏡民碑／孔穎達碑》，頁78；文物出版社，《唐顏眞卿書王琳墓誌銘》，頁15；浙江人民美術社，《顏眞卿書郭虛己墓志》，頁16；二玄社，《唐顏眞卿多寶塔碑》，頁17之1、40、49；顏眞卿，《畫贊碑》，頁22之2、40、65、83；二玄社，《唐顏眞卿顏勤禮碑》，頁41、55、67、74、75之2、76、78、81、83；顏眞卿，《大唐中興頌》，頁37、45；上海書畫出版社，《顏眞卿元次山碑》，頁19、38、62；二玄社，《唐顏眞卿顏氏家廟碑》，上冊，頁71、98；下冊，頁43之2、44、46、47、51之3、52之5、65、68。
〔註223〕說見：本書前言之四。
〔註224〕二玄社，《唐顏眞卿麻姑山仙壇記》，頁46。
〔註225〕說見：本書第四章第一節三之（一）。
〔註226〕二玄社，《唐顏眞卿麻姑山仙壇記》，頁 22、28、42、60；二玄社，《唐顏眞卿顏氏家廟碑》，上冊，頁13、90；大眾書局，《柳公權書金剛經》，頁8、18、20、21、23、37、57、60、63、65、76、84、114；二玄社，《唐柳公權玄祕塔碑》，頁20、25、35、37、43。
〔註227〕說見：本書第四章第一節三之（二）。
〔註228〕上海書畫出版社，《薛稷信行禪師碑》（上海，2014），頁19、36、66。
〔註229〕說見：本書第四章第一節三之（三）。
〔註230〕二玄社，《唐顏眞卿多寶塔碑》，頁23。
〔註231〕二玄社，《唐顏眞卿顏氏家廟碑》，下冊，頁68。
〔註232〕說見：本書第四章第一節三之（四）。

19、「魯」字，顏眞卿〈顏氏家廟碑〉等作「魯」，〔註233〕下方從「白」，源自《說文解字》之寫法，〔註234〕乃唐代新增之小篆系統楷書。

20、「劫」字，薛稷〈信行禪師碑〉等作「劫」，〔註235〕源自《說文解字》之寫法，〔註236〕不同於先唐之從刀或從刃，蓋亦唐代新增之小篆系統楷書。

第二節　時代背景

唐代小篆系統楷書顯著增加，其主要的原因在於唐代以《說文解字》、《字林》、《三體石經》之小篆作爲文字書寫之標準。胡樸安曰：

> 唐以《說文》《字林》《石經》爲書寫文字之標準，所以群經文字，注意者極多。〔註237〕

而唐代之以《說文解字》等作爲文字書寫標準之具體事實，則可自三方面觀察：其一，「書學」以《石經》、《說文》、《字林》爲專業；其二，「明書」科課試，以《說文解字》與《字林》二書爲要典；其三，刊正文字亦以《說文解字》與《字林》等小篆爲本。

一、唐代「書學」以《石經》、《說文》、《字林》爲專業

按：書學制度可上溯至北周。唐・竇臮《述書賦》注云：

> 趙文深，天水人，後周爲書學博士，書迹爲時所重。〔註238〕

隋因襲北周之舊制，「國子寺」亦設有「書學」。《隋書・百官志・下》載：

> 國子寺……統國子、太學、四門、書、算學，各置博士、助教、學生等員。〔註239〕

唐代開國以後，至太宗貞觀二年（628）始重設書學。《貞觀政要》載：

〔註233〕二玄社，《唐顏眞卿顏氏家廟碑》，上冊，頁10、19、23、52、56；下冊，頁39、76。

〔註234〕說見：本書第四章第一節三之（五）。

〔註235〕上海書畫出版社，《薛稷信行禪師碑》，頁67。

〔註236〕丁福保，《說文解字詁林》，第10冊，頁1371。唯許愼謂「劫，從力、去」；當改作從力、去聲。

〔註237〕胡樸安，《中國文字學史》（臺北：臺灣商務印書館，1992），頁123。

〔註238〕張彥遠，《法書要錄》，卷五，頁168。

〔註239〕魏徵等，《隋書》（臺北：鼎文書局，1980），卷二八，頁777。

> 貞觀二年，……國學增築學舍四百餘間，……其書、算各置博士、
> 學生，以備眾藝。〔註240〕

高宗顯慶三年（658），一度廢書及律、算學；高宗龍朔二年（662），恢復之；翌年（663），以書學隸蘭臺（祕書省），算學隸祕閣（太史局），律學隸詳刑寺（大理寺）；其後，書學不知於何時再歸隸國子監。〔註241〕

關於「書學」之運作，《唐六典》載：

> 書學博士二人，從九品下。……掌教文武百官八品以下及庶人之子
> 爲生者，以《石經》、《說文》、《字林》爲專業，餘字書亦兼習之。《石
> 經》三體書限三年業成，《說文》二年，《字林》一年。〔註242〕

書學博士之職掌，據《舊唐書·職官三》所載：

> 書學博士二人，學生三十人。博士掌教文武八品以下及庶人之子爲
> 生者。以《石經》、《說文》、《字林》爲專業，餘字書兼習之。〔註243〕

是唐代的「書學」中，博士將《石經》、《說文解字》與《字林》等字書作爲教材，並以《說文解字》與《字林》評量學生。

而《石經》、《說文解字》與《字林》三者皆以小篆爲本。按：《唐六典》或《舊唐書》所稱之《石經》，乃指曹魏之《三體石經》而言。《三體石經》雖包含古文、小篆、隸書三體，然唐代「書學」中所教習，當以其中之小篆爲重點。

許慎《說文解字·敘》自述其作書之體例云：

> 今敘篆文，合以古籀。

段玉裁注：

> 「篆文」謂小篆也，「古籀」謂古文、籀文也。……小篆因古籀而不
> 變者多，故先篆文，正所以說古籀也。……此全書之通例也；其變
> 例則先古籀後小篆。〔註244〕

〔註240〕吳兢，《貞觀政要》（臺北：黎明文化事業公司，1990），卷七，〈崇儒學〉，頁187。

〔註241〕參見：黃緯中，〈略說唐代的書學制度〉，收於：《唐代書法史研究集》（臺北：蕙風堂，1994），頁81。

〔註242〕韋述等撰，朱永嘉、蕭木注譯，《新譯唐六典》（臺北：三民書局，2002），第一冊，頁200～205。

〔註243〕劉昫等，《舊唐書》，卷四四，頁1892。

〔註244〕丁福保，《說文解字詁林》，第十一冊，頁939。

是《說文解字》一書以小篆爲本，以古文、籀文爲副。至於呂忱《字林》一書，張懷瓘《書斷・下》云：

> 晉呂忱，字伯雍，博識文字，撰《字林》五篇，萬二千八百餘字。《字林》則《說文》之流，小篆之工，亦叔重之亞也。〔註245〕

封演《聞見錄》云：

> 《字林》七卷，亦五百四十部，凡一萬二千八百二十四字，諸部皆依《說文》；《說文》所無者，皆呂忱所益。〔註246〕

是《字林》亦如《說文解字》一般，以小篆爲本。

　　如上所論，唐代「書學」既以《石經》、《說文》、《字林》爲專業，而此三者又以小篆爲主；則唐代之「書學」實以小篆作爲教學或考課之依據。

二、唐代科舉以《說文》與《字林》課試「明書」

　　《新譯唐六典・導讀》云：

> 唐代能參加科舉考試的考生有兩類，一是生員，來自國子監、弘文館、崇文館以及各地方州、縣學館的學生，經學館考試合格者；二是鄉貢，由本人懷牒自列於州、縣，經縣、州逐級考試合格者。各地考生每年十月二十五日前隨所在州朝集使到達京師長安，由戶部引見，十一月初在含元殿朝見皇帝。考試科目有六：秀才、明經、進士、明法、書、算。此外，還有制舉、武舉，以及一史、二史、《開元禮》等。〔註247〕

　　《唐六典・禮部尚書・禮部郎中》載：

> 凡舉試之制，每歲仲冬，率與計偕。其科有六，一曰秀才，二曰明經，三曰進士，四曰明法，五曰書，六曰算。……凡明書，試《說文》、《字林》，取通訓詁，兼會雜體者爲通。（《說文》六帖，《字林》四帖；兼口試，不限條數。）〔註248〕

　　《唐六典・吏部尚書・考功郎中》載：

> 員外郎掌天下貢舉之職，凡諸州每歲貢人，其類有六，一曰秀才，

〔註245〕張彥遠，《法書要錄》，卷九，頁247～248。

〔註246〕胡樸安，《中國文字學史》，上冊，頁81引。

〔註247〕韋述等撰，朱永嘉、蕭木注譯，《新譯唐六典》，第一冊，〈導讀〉，頁37～38。

〔註248〕韋述等撰，朱永嘉、蕭木注譯，《新譯唐六典》，第一冊，頁367～368。

二曰明經，三曰進士，四曰明法，五曰書，六曰算。……其明書，

則《說文》六帖，《字林》四帖。〔註249〕

是唐代諸州貢舉「明書」類之課試，以《說文解字》與《字林》二書爲要典。

唐時之「明書」既以《說文解字》與《字林》等小篆爲本之字書課士，故如顏元孫《干祿字書》等字樣學之著作，亦以小篆爲依歸，唯於筆畫稍參酌隸變之軌跡。顏元孫《干祿字書》自序云：

字書源流，起於上古。自改篆行隸，漸失本眞，若摠據《說文》，便

下筆多礙。當去泰去甚，使輕重合宜。〔註250〕

蓋《干祿字書》既以楷書爲討論之對象，故書中之正體字，亦參酌隸變與楷變，而不「摠據《說文》」。例如：「雄」字之作「雄」，〔註251〕「龍」字之作「龍」，〔註252〕「茲」字之作「茲」，〔註253〕「肥」字之作「肥」，〔註254〕「鋤」字之作「鉏」，〔註255〕……皆本諸《說文解字》與《字林》之小篆；只是其文字筆畫則依循隸變之寫法。

三、唐代刊正文字以《說文》、《字林》等書之小篆爲本

唐代書學所培養出來的人才，唯設置「書學」的目的，本在培養通曉文字學人才，其所注重者在於文字構造之正確，而非文字形態之妍美。黃緯中〈略說唐代的書學制度〉云：

書學不是爲了培養書法家而設置的，《大唐六典》記「書學博士掌教文武百官八品以下及庶人之子爲生者，以《石經》、《說文》、《字林》爲專業，餘字書亦兼習之。《石經》三體書限三年業成，《說文》二年，《字林》一年。」這些課程明顯地屬於文字學的範疇，可知設置書學的目的是爲了要培養古文字方面的專門人才，而培養這類人才的目的則可能是爲了傳抄某些古文經書，此由龍朔三年書學改隸祕書省（職掌邦國經籍圖書）一事略可見其端倪。〔註256〕

〔註249〕韋述等撰，朱永嘉、蕭木注譯，《新譯唐六典》，第一冊，頁200～205。
〔註250〕施安昌，《顏眞卿書干祿字書》，頁6～7。
〔註251〕施安昌，《顏眞卿書干祿字書》，頁14。
〔註252〕施安昌，《顏眞卿書干祿字書》，頁14。
〔註253〕施安昌，《顏眞卿書干祿字書》，頁17。
〔註254〕施安昌，《顏眞卿書干祿字書》，頁18。
〔註255〕施安昌，《顏眞卿書干祿字書》，頁18。
〔註256〕黃緯中，《唐代書法史研究集》，頁81。

　　按：唐代中央政府的職官中，弘文館置「校書郎二人」，祕書省置「校書郎八人，正字四人」，著作局置「校書郎二人，正字二人」，東宮司經局置「校書四人，正字二人」。據《舊唐書・職官三》所載：

　　　　校書郎掌校理典籍，刊正錯謬。〔註257〕

杜佑《通典・職官・祕書監・校書郎》則載：

　　　　祕書校書郎，……大唐置八人，掌讎校典籍，爲文士起家之良選。

　　　　其弘文、崇文館，著作、司經局，並有校書之官，皆爲美職，而祕

　　　　書省爲最。〔註258〕

《通典・職官・祕書官・正字》又載：

　　　　祕書正字，……隋置四人，大唐因之。掌刊正文字，其官資輕重，

　　　　與校書郎同。〔註259〕

《唐六典・吏部尚書・考功郎中》載：

　　　　十曰讎校精審，明於刊定，爲校正之最。〔註260〕

而尚書省吏部考課「校書郎」、「校書」或「正字」是否稱職，則以「讎校精審，明爲刊定」作爲評判的標準。〔註261〕故任其事者，尤須通曉文字學。

　　而唐代之「書學」既以《石經》、《說文》、《字林》爲專業，科舉之「明經」類復以《說文解字》與《字林》二書爲要典，則「校書郎」、「校書」或「正字」刊定文字之依據，當亦不出《石經》、《說文》、《字林》三者。

　　培養通曉文字學人才，以供應中央與地方政府各級機關大量的文書人員之需求；唯政府既重視文字學，士人作楷書時，自然多少會參酌《三體石經》或《說文解字》等字書，故唯恐不正，遂有《干祿字書》等字樣著作，而其中之字樣主要又以《說文》之小篆爲依據，遂使得楷書逐漸由大篆系統轉爲小篆系統。

　　洪邁〈小學不講〉云：

　　　　唐制，國子監置書學博士，立《說文》、《石經》、《字林》之學，舉

　　　　其文義，歲登下之。而考功、禮部課試貢舉，許以所習爲通，人苟

　　　　趨便，不求當否。大曆十年，司業張參纂成《五經文字》，以類相從。

　　　　至開成中，翰林待詔唐玄度又加《九經字樣》，補參之所不載。晉開

〔註257〕劉昫等，《舊唐書》，卷四三，頁1848。

〔註258〕杜佑，《通典》（臺北：臺灣商務印書館，1994），卷二六，〈職官・八〉頁155。

〔註259〕杜佑，《通典》，卷二六，〈職官・八〉頁155。

〔註260〕韋述等撰，朱永嘉、蕭木注譯，《新譯唐六典》，第一冊，頁192。

〔註261〕劉昫等，《舊唐書》，卷四三，〈職官志・二〉，頁1823。

運末，祭酒田敏合二者爲一編，並以考正俗體訛謬。〔註262〕

胡樸安云：

> 《字林》之學，閱魏、晉、陳、隋，至唐極盛，與《石經》、《說文》
> 等，並爲課士之用。〔註263〕

第三節　關鍵人物：顏眞卿

　　唐代官方之重視《說文解字》、《字林》等文字學典籍，主要是爲了矯正
南北朝文字訛謬之弊。事實上，早在南北朝時，有識之士早已指出當時書家
之不留心於文字學。如：南朝梁庾元威〈論書〉云：

> 若以「己」、「已」莫分，「東」、「柬」相亂，則兩王妙迹，二陸高才，
> 頃來非所用也。……余少值明師，留心字法。所以座右作午、畺字，
> 不依羲、獻妙迹，不逐陶、葛名方；作純、羹，不斅晉書，不循韻
> 集。〔註264〕

意謂：如果「己」字與「已」字不分，「東」字與「柬」字相混，即使是王羲
之、王獻之或陸機、陸玩這樣的書法名家所寫，也不採用。而自己因受過明
師調教，寫字都是根據文字構成的義理，而非一味依照書法名家或時行字書
的寫法──依庾氏之意，從事書法藝術創作者固當「留心字法」，而非一味仿
效名家或字書的寫法。

　　另如：北齊顏之推《顏氏家訓‧勉學篇》云：

> 夫文字者，墳籍根本。世之學徒，多不曉字。讀五經者，是徐邈而
> 非許愼；習賦誦者，信褚詮而忽呂忱；明史記者，專皮鄒而廢篆籀；
> 學漢書者，悅應蘇而略蒼雅。不知書音是其枝葉，小學乃其宗統。
>
> 〔註265〕

意謂：文字乃經籍之根本，讀書寫字都應以許愼《說文解字》、呂忱《字林》
以及《三蒼》、《廣雅》等文字學書籍爲宗統。

　　《顏氏家訓‧書證篇》則云：

〔註262〕洪邁，《容齋隨筆》（上海：上海古籍出版社，1998），《容齋四筆》卷十二，
　　　　頁749。
〔註263〕胡樸安，《中國文字學史》，上冊，頁79。
〔註264〕張彥遠，《法書要錄》，卷二，頁46、48。
〔註265〕周法高撰輯，《顏氏家訓彙注》（臺北：中央研究院歷史語言研究所，1993），
　　　　卷上，頁48～49。

> 許慎檢以六文，貫以部分，使不得誤，誤則覺之。……大抵服其為
> 書，隱括有條例，剖析窮根源。……若不信其說，則冥冥不知一點
> 一畫有何意焉。……世間小學者，不通古今，必依小篆，是正書記。
> 〔註266〕

讚許許慎之著作「隱括有條例，剖析窮根源」，主張依據許慎《說文解字》的小篆來訂正楷書。

到了唐代，亦有人呼應庾元威與顏之推之論調者。如：李嗣真〈書後品〉云：

> 今之馳騖，去聖逾遠，徒識方圓而迷點畫。猶莊生之歎盲者、易象
> 之談日中，終不見矣！〔註267〕

意謂：當今從事書法藝術者，距離古代聖人更加久遠，只知道講究用筆的技法，而不知道文字構成的義理。就像《莊子・大宗師》所謂「盲者無以與乎眉目顏色之好」，《周易・豐卦・九四》象辭所謂「日中見斗，幽不明也」，終究無法領略書道之要妙——依李氏之意，從事書法藝術創作者從事書法藝術創作者宜講究文字構成之義理，切忌「徒識方圓而迷點畫」。

唐代書家中，不乏重視文字學，甚至依據《說文解字》、《字林》等書以是正文字，而對於當時楷書的小篆系統之增多，皆有促成之功，例如——

一、〈昭仁寺碑〉書者，「明」字之作「眀」，「將」字之作「将」，「族」字之作「族」，「隱」字之作「隱」。

二、褚遂良，「罕」字之作「罕」。

三、〈孔穎達碑〉書者，「槐」字之作「槐」。

四、歐陽通，「魚」字之作「𩵋」，「嵩」字之作「嵩」，「僧」字之作「僧」。

五、薛稷，「習」字之作「習」。

六、柳公權，「旨」字之作「旨」，「就」字之作「就」，「釋」字之作「釋」。

都是根據小篆來作楷書，共同促成唐代小篆系統楷書文字之增多。

唯若論及促使唐代楷書小篆系統增多之關鍵人物，則非顏真卿莫屬。顏魯公除了繼承前人小篆系統的楷書寫法之外，自己也根據《說文解字》、《字

〔註266〕周法高撰輯，《顏氏家訓彙注》，卷上，頁113～114。

〔註267〕張彥遠，《法書要錄》，卷三，頁 83。原題「書品後」，依陳思《書苑菁華》
卷四頁 159 改。

林》等書的小篆，有意識地將某些筆畫訛變的小篆系統楷書加以訂正；甚或將許多大篆系統的楷書改作小篆系統。例如——

「叟」字之作「叜」，「傍」字之作「傷」，「嘗」字之作「嘗」，「蓋」字之作「葢」……，乃顏魯公根據《說文解字》等書的小篆，將筆畫訛變的小篆系統楷書加以訂正者。

若「光」字之作「光」，「京」字之作「京」，「宜」字之作「宜」，「岡」字之作「岡」，「皆」字之作「皆」，「悉」字之作「悉」，「景」字之作「景」，或作「景」，「影」字之作「影」，「魯」字之作「魯」……，則為顏魯公根據《說文解字》等書的小篆，將大篆系統的楷書改作小篆系統者。

朱長文《墨池編・字學門・跋》云：

> 自秦滅古制，書學乃缺，刪繁去樸，以趣便易；然猶旨趣略存。至行、草興，而義理喪矣！鍾、張、羲、獻之徒，以奇筆倡，士林天下徒知有體勢，豈知有源本。惟顏魯公作字得其正為多，雖與《說文》未盡合，蓋不欲大異時俗耳。〔註268〕

朱長文《續書斷》評顏魯公之書法則云：

> 自秦行篆籀，漢用分隸，字有義理，法貴謹嚴。魏晉而下，始增損筆畫以就字勢。惟公合篆籀之義理，得分隸之謹嚴；放而不流，拘而不拙，善書之至也。〔註269〕

顏真卿的書法藝術之所以能超越前賢，原因之一便是結合文字學與書法藝術之成就；特別是將文字學的知識融入書法藝術之中。

按：書法藝術確立之後，書法與文字學逐漸分流；尤其南北朝時期，作書者不講究文字學，已成為有識者之深憂。至顏魯公出，始結合其父系的文字學與母系的書法藝術之成就，而革新書法作品的文字構成。

就顏氏的父系的文字學而言，上引北齊顏之推《顏氏家訓》，強調文字學之重要性，並主張依據許慎《說文解字》的小篆來訂正楷書。而唐顏師古曾注《急就篇》，且「考定五經文字，而有《字樣》一書。顏元孫本之作《干祿字書》」。〔註270〕

就顏氏母系殷氏的書法藝術而言，殷不害工書畫，殷聞禮書畫妙過於父，

〔註268〕朱長文，《墨池編》，卷一，頁35～36。
〔註269〕朱長文，《墨池編》，卷三，頁436～437。
〔註270〕胡樸安，《中國文字學史》上冊，頁113～114。

殷嶠尤工尺牘，殷令名有〈裴鏡民碑〉傳世，殷仲容則以能書而爲天下宗。
黃緯中〈中國中古時期的書法家族〉云：

> 唐代書法家族之盛不讓於東晉之世，其在唐初即有以下諸家：一是
> 虞世南家。……二是歐陽詢、歐陽通父子。……三爲京兆的殷令名、
> 殷仲容父子，此家以精於題署著稱。又殷仲容甥顏元孫、顏惟貞，
> 少孤，養於舅家，傳仲容筆法，並有工書之譽。惟貞子即顏眞卿，
> 更是書法史上的大家。四爲魏叔瑜一家。……。〔註271〕

　　而顏眞卿則致力結合文字學與書法藝術，不但親自書寫顏元孫《干祿字
書》付印，使廣爲流傳；還透過《韻海鏡源》的編修，〔註272〕瞭解各個文字
的小篆寫法，再根據小篆加以楷書化。尤其是大曆六年（西元771年）的〈麻
姑仙壇記〉、大曆十二年（西元777年）的〈李玄靖碑〉以及建中元年（西元
780年）的〈顏氏家廟碑〉三件作品，將顏魯公結合文字學與書法藝術的企圖
心展現得最爲清楚。顏魯公的目的，固然是想對於南北朝以來訛變頻仍的「俗
書」作訂正；無意中卻也使得許多楷書文字由大篆系統變爲小篆系統。

第四節　對後世之影響

　　唐代的楷書成爲後世學習的模範，尤其歐陽詢、虞世南、褚遂良、顏眞
卿、柳公權五大書法家的作品，更是成爲爭相仿效的對象。因此，唐代之後
的楷書受到唐代楷書之影響極大，甚至在唐代楷書的基礎上，又增加了不少
屬於小篆系統的楷書文字。本節擬分爲宋代至清代以及現代兩階段，討論唐
代小篆系統楷書持續增加的現象對於後世之影響。

一、宋元明清新增之小篆系統楷書

（一）重現魏晉至隋代已有之小篆系統楷書

1、「享」字

　　「享」字楷書，唐代之前即有小篆系統之寫法，如北魏〈元玼妃墓誌〉

〔註271〕黃緯中，《唐代書法史研究集》，頁117～118。
〔註272〕顏魯公自天寶十二載著手編修《韻海鏡源》，大曆四年增廣爲五百卷，大曆八
　　　　年刪補爲三百六十卷。見：黃宗義，《顏眞卿書法研究》（臺北：蕙風堂筆墨
　　　　公司出版部，1993），頁30～33。

等作「享」，〔註273〕「子」上若「口」，源自《說文解字》，〔註274〕屬於小篆系統。唐代則但有大篆系統之寫法，如歐陽詢〈九成宮醴泉銘〉等作「享」，〔註275〕中段左右兩豎連接上下部件之橫畫，源自甲骨文與金文，〔註276〕屬於大篆系統。而唐代之後，如：北宋黃庭堅〈伯夷叔齊廟碑〉作「享」，〔註277〕「子」上若「口」，其文字構造與〈元瓛妃墓誌〉等相同，乃重現唐代之前之小篆系統楷書。

　　2、「哭」字

　　甲骨文作「」，葉玉森謂：「象一人擗踊形，从吅，表號呼意，當即古文哭字。」〔註278〕

　　金文缺。

　　《說文解字》云：

　　　　，哀聲也，从吅、獄省聲。〔註279〕

李孝定謂：「吅與犬形亦略近，故篆體轉寫訛變耳。」〔註280〕

　　「哭」字楷書，唐代之前即有小篆系統之寫法，如北魏〈元瓛妃李華媛墓誌〉作「哭」，〔註281〕下段作「犬」，源自《說文解字》，屬於小篆系統。唐代則但有大篆系統之寫法，無論顏眞卿〈王琳墓誌〉之作「哭」，〔註282〕顏眞卿〈顏氏家廟碑〉之作「哭」，〔註283〕抑或顏元孫〈干祿字書〉俗體等之作「哭」，〔註284〕三者之下段皆从「大」，源自漢代隸書〈鮮于璜碑〉之

〔註273〕禚效峰等，《漢隸魏碑字典》，上卷，頁599；鄭聰明，《北魏隋墓誌銘字典》，頁53。

〔註274〕說見：本書第四章第三節之二。

〔註275〕二玄社，《唐歐陽詢九成宮醴泉銘》，頁 20；二玄社，《唐柳公權左神策軍紀聖德碑》，頁 24。

〔註276〕說見：本書第四章第三節之二。

〔註277〕李志賢等，《中國正書大字典》，頁36。

〔註278〕古文字詁林編纂委員會，《古文字詁林》，第 2 冊，頁 183。

〔註279〕丁福保，《說文解字詁林》，第二冊，頁 1323。

〔註280〕李孝定，《甲骨文字集釋》，頁 431。

〔註281〕禚效峰等，《漢隸魏碑字典》，下卷，頁 787；伏見冲敬，《書法大字典》，上冊，頁 361。

〔註282〕文物出版社，《唐顏眞卿書王琳墓誌銘》，頁 18。

〔註283〕二玄社，《唐顏眞卿顏氏家廟碑》，上冊，頁 96。

〔註284〕施安昌，《顏眞卿書干祿字書》，頁 57；李靜，《楷書字典》（杭州：西泠印社

作「哭」，〔註 285〕蓋將「象一人拚踊形」改作象人正面站立形之「大」，故屬於屬於大篆系統。而唐代之後，如：北宋黃庭堅〈王純中墓誌〉作「哭」，〔註 286〕下段作「犬」，其文字構造與〈元魏妃李華媛墓誌〉相同，乃重現唐代之前之小篆系統楷書。

3、「追」字

甲骨文作「𠂤」、「�」、「𠂤」、「𠂤」、「𠂤」……等形，〔註 287〕從止、𠂤聲。

金文作「追」、「追」、「追」、「追」、「追」、「追」……等形，〔註 288〕前三形從辵、𠂤聲；第四形右上加「屮」，末二形但從「彳」，而最後一形則右下加「口」。

《說文解字》云：

追，逐也，從辵、𠂤聲。〔註 289〕

「追」字楷書，唐代之前即有小篆系統之寫法，如晉〈司馬芳殘碑〉等作「追」，〔註 290〕，右上有撇，源自《說文解字》，屬於小篆系統。唐代則但有大篆系統之寫法，如：〈昭仁寺碑〉等作「追」，〔註 291〕右上無撇，源自甲骨文與金文，屬於大篆系統。而唐代之後，如：北宋司馬光〈跋龐公詩藁〉作「追」，〔註 292〕其文字構造與〈司馬芳殘碑〉等相同，乃重現唐代之

出版社，2013），頁 71。

〔註 285〕上海書畫出版社，《鮮于璜碑》（上海，2001），頁 25。

〔註 286〕李志賢等，《中國正書大字典》，頁 194。

〔註 287〕李宗焜，《甲骨文字編》，上冊，頁 308〜309。

〔註 288〕容庚，《金文編》，第二・二四，見：《金文編／續金文編》，頁 114〜115。

〔註 289〕丁福保，《說文解字詁林》，第三冊，頁 126。

〔註 290〕伏見冲敬，《書法大字典》，下冊，頁 2202；禚效峰等，《漢隸魏碑字典》，上卷，頁 704〜705；鄭聰明，《北魏隋墓誌銘字典》，頁 791。

〔註 291〕二玄社，《唐昭仁寺碑》，頁 54；二玄社，《唐歐陽詢化度寺碑／溫彥博碑》，頁 19；二玄社，《唐褚遂良伊闕佛龕碑》，頁 23、56；二玄社，《唐褚遂良房玄齡碑》，頁 32；二玄社，《唐歐陽通道因法師碑》，頁 10、43、54、55；二玄社，《唐歐陽通道因法師碑／泉男生墓誌銘》，頁 56、62；二玄社，《唐薛曜夏日遊石淙詩》，頁 39；二玄社，《唐張旭／古詩四帖／郎官石記／肚痛帖》，頁 43；張旭，〈嚴仁墓誌〉，第 5 行第 4 字；文物出版社，《唐顏真卿書王琳墓誌銘》，頁 19、20；二玄社，《唐顏真卿顏勤禮碑》，頁 96；上海書畫出版社，《顏真卿元次山碑》，頁 17；二玄社，《唐顏真卿顏氏家廟碑》，下冊，頁 8；二玄社，《唐柳公權左神策軍紀聖德碑》，頁 44。

〔註 292〕故宮博物院，《宋人墨跡集冊》（臺北，1971），第 2 冊，頁 3。

前之小篆系統楷書。

4、「尉」字

甲骨文缺。

金文缺。

《說文解字》云：

閃，從上案下也，從尼、又持火以尉申繒也。〔註293〕

即「熨」字初文。〔註294〕

「尉」字楷書，唐代之前，如東魏〈王偃墓誌〉作「尉」，〔註295〕源自《說文解字》，唯「又」衍爲「寸」，屬於小篆系統。另如南朝宋〈爨龍顏碑〉等之作「尉」，〔註296〕或北魏〈牛橛造像記〉等之作「尉」，〔註297〕蓋亦源自《說文解字》，唯「火」訛變若「小」，而「又」衍爲「寸」。唐代如歐陽詢〈皇甫誕碑〉等作「尉」，〔註298〕其字形與〈牛橛造像記〉等相同；〈昭仁寺碑〉作「尉」，〔註299〕〈爨龍顏碑〉等相同，二者皆有訛變。而唐代之後，如：北宋司馬光〈跋龐公詩藁〉作「尉」，〔註300〕其文字構造與〈王偃墓誌〉相同，乃重現唐代之前之小篆系統楷書。

5、「得」字

甲骨文作「𢼸」、「𢔶」、「𠂤」、「𢔶」、「𢔶」、「𢔶」……等形，〔註301〕前三形從又或爪、從貝，本義爲「取也」；〔註302〕第四形加「彳」，：末二形

〔註293〕丁福保，《說文解字詁林》，第八冊，頁769。

〔註294〕徐鉉云：「今俗別作『熨』，非是。」見：丁福保，《說文解字詁林》，第八冊，頁769。

〔註295〕伏見冲敬，《書法大字典》，上冊，頁613。

〔註296〕禚效峰等，《漢隸魏碑字典》，下卷，頁894；鄭聰明，《北魏隋墓誌銘字典》，頁284～285；伏見冲敬，《書法大字典》，上冊，頁613。

〔註297〕禚效峰等，《漢隸魏碑字典》，下卷，頁894；鄭聰明，《北魏隋墓誌銘字典》，頁284～285；伏見冲敬，《書法大字典》，上冊，頁613。

〔註298〕二玄社，《唐歐陽詢皇甫誕碑》，頁9；二玄社，《唐歐陽通道因法師碑》，頁5；二玄社，《唐歐陽通道因法師碑／泉男生墓誌銘》，頁46；二玄社，《唐顏真卿顏勤禮碑》，頁26、54、55、71。

〔註299〕二玄社，《唐昭仁寺碑》，頁9。

〔註300〕故宮博物院，《宋人墨跡集冊》，第2冊，頁3下。

〔註301〕李宗焜，《甲骨文字編》，中冊，頁715～718。

〔註302〕丁福保，《說文解字詁林》，第七冊，頁751。

則兩从又、从貝者上下重疊。

　　金文作「」、「」、「」……等形，〔註303〕第一形从又、从貝；第二形「又」改作「手」；第三形加「彳」。

　　《說文解字》云：

，行有所得也，从彳、聲。〔註304〕

馬敘倫謂：「从見當作从貝，形近而訛。」〔註305〕

　　「得」字楷書，唐代之前，如北魏〈元暉墓誌〉等作「得」，〔註306〕源自《說文解字》，屬於小篆系統。至於東魏〈元均墓誌〉作「得」，〔註307〕右上从「貝」，屬於大篆系統。唐代如〈昭仁寺碑〉等作「得」，〔註308〕右上若「旦」，不知是「貝」或「見」之訛變。而唐代之後，如：北宋司馬光〈跋龐公詩藁〉作「得」，〔註309〕其文字構造與元暉墓誌〉等相同，乃重現唐代之前之小篆系統楷書。

　　6、「散」字

　　甲骨文作「」、「」、「」、「」，〔註310〕或「」、「」、「」、「」……等形。〔註311〕

　　金文作「」、「」、「」……等形，〔註312〕高鴻縉謂：「按字从攴竹會意，竹攴則分散也；月聲，動詞。」〔註313〕

　　《說文解字》云：

〔註303〕容庚，《金文編》，第二・二八，見：《金文編／續金文編》，頁121。

〔註304〕丁福保，《說文解字詁林》，第三冊，頁209。

〔註305〕古文字詁林編纂委員會，《古文字詁林》，第2冊，頁509。

〔註306〕禚效峰等，《漢隸魏碑字典》，下卷，頁867；鄭聰明，《北魏隋墓誌銘字典》，頁345；伏見冲敬，《書法大字典》，上冊，頁784。

〔註307〕伏見冲敬，《書法大字典》，上冊，頁784。

〔註308〕二玄社，《唐昭仁寺碑》，頁18、21、48；二玄社，《唐歐陽詢皇甫誕碑》，頁22；二玄社，《唐歐陽詢九成宮醴泉銘》，頁26；二玄社，《唐歐陽通道因法師碑／泉男生墓誌銘》，頁55、58；二玄社，《唐薛曜夏日遊石淙詩》，頁34；二玄社，《唐顏真卿顏勤禮碑》，頁47；二玄社，《唐柳公權玄祕塔碑》，頁34、40。

〔註309〕故宮博物院，《宋人墨跡集冊》，第2冊，頁3下。

〔註310〕李宗焜，《甲骨文字編》，上冊，頁352～353。

〔註311〕李宗焜，《甲骨文字編》，中冊，頁609～610。

〔註312〕容庚，《金文編》，第四・二一，見：《金文編／續金文編》，頁255。

〔註313〕高鴻縉，《中國字例》，五篇，頁600。

「鱳」，雜肉也，从肉、樂聲。〔註314〕

「散」字楷書，唐代之前，無論北魏〈崔鴻墓誌〉等之作「散」，〔註315〕北魏〈元暉墓誌〉等之作「散」，〔註316〕北魏〈元萇墓誌〉等之作「散」，〔註317〕抑或南朝宋〈爨龍顏碑〉等之作「散」，〔註318〕蓋皆源自《說文解字》，屬於小篆系統；唯第三、第四兩形稍有訛便。唐代如〈昭仁寺碑〉等作「散」，〔註319〕以及顏真卿〈王琳墓誌〉等作「散」，〔註320〕亦皆屬於小篆系統；唯稍有訛變。而唐代之後，如：明代文徵明〈千字文〉之作「散」，〔註321〕其文字構造與〈元暉墓誌〉等相同，乃重現唐代之前之小篆系統楷書。

7、「朝」字

「朝」字楷書，唐代之前即有小篆系統之寫法，如：北魏〈崔鴻墓誌〉等之作「朝」，〔註322〕「从倝、舟聲」，源自《說文解字》，〔註323〕屬於小篆系統。唐代則但有大篆系統之寫法，如：歐陽詢〈溫彥博碑〉等作

〔註314〕丁福保，《說文解字詁林》，第四冊，頁 794。

〔註315〕禚效峰等，《漢隸魏碑字典》，下卷，頁 909；鄭聰明，《北魏隋墓誌銘字典》，頁 404；伏見冲敬，《書法大字典》，上冊，頁 988。

〔註316〕禚效峰等，《漢隸魏碑字典》，下卷，頁 910；鄭聰明，《北魏隋墓誌銘字典》，頁 404；伏見冲敬，《書法大字典》，上冊，頁 988。

〔註317〕禚效峰等，《漢隸魏碑字典》，下卷，頁 909～910；鄭聰明，《北魏隋墓誌銘字典》，頁 403～404；伏見冲敬，《書法大字典》，上冊，頁 988。

〔註318〕禚效峰等，《漢隸魏碑字典》，下卷，頁 909；鄭聰明，《北魏隋墓誌銘字典》，頁 403～404；伏見冲敬，《書法大字典》，上冊，頁 988。

〔註319〕二玄社，《唐昭仁寺碑》，頁 57；二玄社，《唐顏師古等慈寺碑》，頁 43；二玄社，《唐褚遂良伊闕佛龕碑》，頁 47、67、89；二玄社，《唐褚遂良房玄齡碑》，頁 28；二玄社，《唐歐陽通道因法師碑／泉男生墓誌銘》，頁 50；二玄社，《唐張旭／古詩四帖／郎官石記／肚痛帖》，頁 34；大眾書局，《柳公權書金剛經》，頁 63。

〔註320〕文物出版社，《唐顏真卿書王琳墓誌銘》，頁 12；顏真卿，《郭虛己墓誌銘》，頁 26、55；顏真卿，《畫贊碑》，頁 91；二玄社，《唐顏真卿顏勤禮碑》，頁 24；上海書畫出版社，《顏真卿元次山碑》，頁 12。

〔註321〕李志賢等，《中國正書大字典》，頁 589；二玄社，《明末三家集倪元璐・黃道周・傅山》（東京，1963），頁 42。

〔註322〕禚效峰等，《漢隸魏碑字典》，下卷，頁 913～915；伏見冲敬，《書法大字典》，上冊，頁 1097。

〔註323〕說見：本書第四章第三節之二。

「朝」，〔註324〕左旁从「月」，源自甲骨文，〔註325〕屬於大篆系統。而唐代之後，如：明代徐霖〈千字文〉作「翰」，〔註326〕其文字構造與〈崔鴻墓誌〉等相同，乃重現唐代之前之小篆系統楷書。

8、「黃」字

「黃」字楷書，唐代之前即有小篆系統之寫法，如：北魏〈崔鴻墓誌〉等之作「黃」，〔註327〕其上若「廿」，源自《說文解字》，〔註328〕屬於小篆系統。唐代則但有大篆系統之寫法，無論〈昭仁寺碑〉之作「黃」，〔註329〕虞世南〈孔子廟堂碑〉等之作「黃」，〔註330〕抑或褚遂良〈伊闕佛龕碑〉等之作「黃」，〔註331〕其上皆若「艹」，源自甲骨文，〔註332〕屬於大篆系統。而唐代之後，如：宋徽宗〈千字文〉等作「黃」，〔註333〕或明代徐霖〈千字文〉作「黃」，〔註334〕

〔註324〕二玄社，《唐歐陽詢化度寺碑／溫彥博碑》，頁 44；二玄社，《唐歐陽詢皇甫誕碑》，頁23；二玄社，《唐褚遂良孟法師碑》，頁 8；二玄社，《唐褚遂良雁塔聖教序》，頁43；二玄社，《唐歐陽通道因法師碑》，頁27；二玄社，《唐歐陽通道因法師碑／泉男生墓誌銘》，頁46；二玄社，《唐薛曜夏日遊石淙詩》，頁58；二玄社，《唐張旭／古詩四帖／郎官石記／肚痛帖》，頁34；二玄社，《唐顏眞卿多寶塔碑》，頁7、8、37；二玄社，《唐顏眞卿顏勤禮碑》，頁24、91（2）；二玄社，《唐柳公權玄祕塔碑》，頁6、27。

〔註325〕說見：本書第五章第三節之二。

〔註326〕李志賢等，《中國正書大字典》，頁 566。

〔註327〕禚效峰等，《漢隸魏碑字典》，下卷，頁 843；伏見冲敬，《書法大字典》，下冊，頁 2568。

〔註328〕說見：本書前言四之8。

〔註329〕二玄社，《唐昭仁寺碑》，頁21、27、39。

〔註330〕二玄社，《唐虞世南孔子廟堂碑》，頁30；二玄社，《唐歐陽詢九成宮醴泉銘》，頁 39；二玄社，《唐顏眞卿多寶塔碑》，頁36；二玄社，《唐顏眞卿顏勤禮碑》，頁10、14、86；二玄社，《唐顏眞卿顏氏家廟碑》，上冊，頁43、46、51、86；下冊，頁75、85。

〔註331〕二玄社，《唐褚遂良伊闕佛龕碑》，頁 43、59；二玄社，《唐歐陽通道因法師碑》，頁24；二玄社，《唐歐陽通道因法師碑／泉男生墓誌銘》，頁59、64；二玄社，《唐薛曜夏日遊石淙詩》，頁72、92；張旭，〈嚴仁墓誌〉，第14行第12字。

〔註332〕說見：本書前言之四。

〔註333〕二玄社，《宋徽宗楷書千字文／神霄玉清萬壽宮碑》（東京，1983），頁5；二玄社，《宋人小品》（東京，1977），頁42；李志賢等，《中國正書大字典》，頁1393。

〔註334〕李志賢等，《中國正書大字典》，頁1394。

其文字構造皆與〈崔鴻墓誌〉相同，乃重現唐代之前之小篆系統楷書。

9、「親」字

甲骨文缺。

金文作「𣂪」或「親」，〔註335〕从見、辛聲。

《說文解字》云：

「親」，至也，从見、亲聲。〔註336〕

「親」字楷書，唐代之前即有小篆系統之寫法，如：北魏〈皇甫麟墓誌〉之作「親」，〔註337〕左旁中段作三橫，源自《說文解字》，屬於小篆系統。唐代則但有大篆系統之寫法，如：歐陽詢〈溫彥博碑〉等之作「親」，〔註338〕其左旁蓋源自「辛」字甲骨文之作「▽」或金文之作「辛」，〔註339〕屬於大篆系統。而唐代之後，如：明‧黃道周〈孝經〉作「親」，〔註340〕其文字構造與〈皇甫麟墓誌〉相同，乃重現唐代之前之小篆系統楷書。

10、「虧」字

甲骨文缺。

金文缺。

《說文解字》云：

「虧」，气損也，从亏、雐聲。「虧」，虧或从兮。〔註341〕

「虧」字楷書，唐代之前即有小篆系統之寫法，如：北魏〈暉福寺碑〉等作「虧」，〔註342〕或隋〈元公墓誌〉等作「虧」，〔註343〕右旁「兮」之

〔註335〕容庚，《金文編》，第八‧二七，見：《金文編／續金文編》，頁 524。

〔註336〕丁福保，《說文解字詁林》，第 7 冊，頁 773。

〔註337〕鄭聰明，《北魏隋墓誌銘字典》，頁 733。

〔註338〕二玄社，《唐歐陽詢化度寺碑／溫彥博碑》，頁 37；二玄社，《唐顏師古等慈寺碑》，頁 13、28；二玄社，《唐褚遂良孟法師碑》，頁 14；二玄社，《唐歐陽通道因法師碑／泉男生墓誌銘》，頁 53；二玄社，《唐顏真卿顏勤禮碑》，頁 40；二玄社，《唐柳公權玄祕塔碑》，頁 23。

〔註339〕說見：本書第二章第三節三之（二）。

〔註340〕二玄社，《明末三家集倪元璐‧黃道周‧傅山》，頁 11（3）、12‧18（2）、19（2）、20（2）、21（3）、23、26、28、29（2）。

〔註341〕丁福保，《說文解字詁林》，第四冊，頁 1268。

〔註342〕伏見冲敬，《書法大字典》，下冊，頁 1964；鄭聰明，《北魏隋墓誌銘字典》，頁 719。

〔註343〕伏見冲敬，《書法大字典》，下冊，頁 1964；鄭聰明，《北魏隋墓誌銘字典》，

中央縱向筆畫作曲折狀，源自《說文解字》，屬於小篆系統。唐代則但有大篆系統之寫法，如歐陽詢〈九成宮醴泉銘〉作「䏁」，〔註344〕右旁「兮」下若「丁」，源自甲骨文與金文，〔註345〕屬於大篆系統。而唐代之後，如：趙孟頫〈眞草千字文〉等作「䶑」，〔註346〕右旁「兮」之中央縱向筆畫作曲折狀，與〈暉福寺碑〉等相同，乃重現唐代之前之小篆系統楷書。另如：宋徽宗〈千字文〉作「䶑」，〔註347〕左上之「虍」與今楷書相同；右旁「于」之中央縱向筆畫作曲折狀，源自秦〈繹山刻石〉，〔註348〕則可視爲宋以後新增之小篆系統楷書。

（二）新增魏晉至唐代所無之小篆系統楷書

1、「早」字

甲骨文作「䒑」、「䒑」、「䒑」、「才」⋯⋯等形，〔註349〕不詳其說。

金文缺。唯有「趠」字作「趠」，〔註350〕林義光據之而謂「早」字「象日在艸上；屮即艸字」。〔註351〕漢代〈夏承碑〉「早」字作「早」，〔註352〕其下方正從「屮」。

《說文解字》云：

　早，晨也，從日在甲上。〔註353〕

「早」字楷書，唐代之前如南朝宋〈爨龍顏碑〉等作「早」，〔註354〕其下方從「十」，源自甲骨文與金文之「屮」或「甲」，〔註355〕屬於大篆系統。

頁718～719。

〔註344〕二玄社，《唐歐陽詢九成宮醴泉銘》，頁9。

〔註345〕説見：本書第五章第三節之三。

〔註346〕乙庄，《趙孟頫眞草千字文》（南昌：江西美術社，2013），頁21；一品堂，《祝允明楷書千字文》（南寧：廣西美術出版社，2013），頁34。

〔註347〕二玄社，《宋徽宗楷書千字文／神宵玉清萬壽宮碑》，頁12。

〔註348〕説見：本書第二章第三節一之（二）。

〔註349〕李宗焜，《甲骨文字編》，中冊，頁497～498。

〔註350〕容庚，《金文編》，第二・一六，見：《金文編／續金文編》，頁98。

〔註351〕丁福保，《說文解字詁林》，第六冊，頁12。

〔註352〕二玄社，《漢韓仁銘／夏承碑》（東京，1981），頁65。

〔註353〕丁福保，《說文解字詁林》，第六冊，頁11。

〔註354〕禚效峰等，《漢隸魏碑字典》，上卷，頁336～337；鄭聰明，《北魏隋墓誌銘字典》，頁424～425；伏見冲敬，《書法大字典》，上冊，頁1028。

〔註355〕説見：本書第二章第二節之一、第二章第三節一之（一）。

唐代如歐陽詢〈化度寺碑〉等作「旱」，〔註356〕其文字構造與〈爨龍顏碑〉等相同，亦屬於大篆系統。而明代徐霖〈千字文〉作「昂」，〔註357〕或清代傅山〈雜書冊〉作「昂」，〔註358〕其下方作小篆「甲」，源自《說文解字》，乃宋以後新增之小篆系統楷書。

2、「更」字

甲骨文作「 」、「 」、「 」、「 」……等形，〔註359〕

金文作「 」、「 」、「 」、「 」……等形，〔註360〕第四形加「辵」，當係更迭之正字。

《說文解字》云：

，改也，从攴、丙聲。〔註361〕

「更」字楷書，唐代之前如北魏〈石門銘〉等作「更」，〔註362〕唐代如歐陽詢〈九成宮醴泉銘〉等作「更」，〔註363〕而明代徐霖〈千字文〉與清代傅山〈雜書冊〉作「更」，〔註364〕則爲據《說文解字》小篆而改作之寫法。

此外，从「更」之「便」字，傅山〈雜書冊〉作「便」，〔註365〕亦爲據《說文解字》小篆而改作之寫法。

〔註356〕二玄社，《唐歐陽詢化度寺碑／溫彥博碑》，頁5；二玄社，《唐褚遂良伊闕佛龕碑》，頁45；二玄社，《唐褚遂良雁塔聖教序》，頁18；二玄社，《唐歐陽通道因法師碑》，頁59；二玄社，《唐歐陽通道因法師碑／泉男生墓誌銘》，頁64；二玄社，《唐顏眞卿顏氏家廟碑》，下冊，頁34。

〔註357〕李志賢等，《中國正書大字典》，頁522。

〔註358〕二玄社，《明末三家集倪元璐‧黃道周‧傅山》，頁53。

〔註359〕李宗焜，《甲骨文字編》，中冊，頁793。

〔註360〕容庚，《金文編》，第三‧三四，見：《金文編／續金文編》，頁199。

〔註361〕丁福保，《說文解字詁林》，第三冊，頁1214。

〔註362〕禚效峰等，《漢隸魏碑字典》，上卷，頁446；鄭聰明，《北魏隋墓誌銘字典》，頁444～445；伏見冲敬，《書法大字典》，上冊，頁1074。

〔註363〕二玄社，《唐歐陽詢九成宮醴泉銘》，頁41；二玄社，《唐裴鏡民碑／孔穎達碑》，頁74；二玄社，《唐歐陽通道因法師碑／泉男生墓誌銘》，頁54；二玄社，《唐薛曜夏日遊石淙詩》，頁81；二玄社，《唐顏眞卿顏勤禮碑》，頁17。

〔註364〕李志賢等，《中國正書大字典》，頁555；二玄社，《明末三家集倪元璐‧黃道周‧傅山》，頁40。

〔註365〕二玄社，《明末三家集倪元璐‧黃道周‧傅山》，頁41。

3、「官」字

「官」字楷書，唐代之前，無論北魏〈鄭羲下碑〉等之作「官」，〔註366〕
抑或北魏〈元慧墓誌〉等之作「官」，〔註367〕「宀」或「穴」下所從之「𠂤」
上方皆無撇畫，源自甲骨文與金文，〔註368〕屬於大篆系統。唐代如歐陽詢〈溫
彥博碑〉等作「官」，〔註369〕與〈鄭羲下碑〉等同屬於大篆系統。而唐代之
後，如：北宋司馬光〈跋龐公詩藁〉作「官」，〔註370〕「𠂤」之上方有一撇
畫，源自《說文解字》，〔註371〕乃宋以後新增之小篆系統楷書。

4、「哉」字

甲骨文缺。

金文作「𢧵」、「𢦒」、「𢦏」……等形，〔註372〕第一形不從「口」，第二
形左上「才」作若「十」，第三形則「才」之末筆作點。

《說文解字》云：

　　哉，言之閒也，从口、𢦏聲。〔註373〕

「哉」字楷書，唐代之前專行大篆系統，如：北魏〈元診墓誌〉等作
「哉」，〔註374〕北魏〈司馬景和妻墓誌〉等作「哉」，〔註375〕其左上之
「才」皆作若「十」，源自金文第二形，屬於大篆系統。唐代亦專行大篆系統，

〔註366〕禚效峰等，《漢隸魏碑字典》，上卷，頁 618～619；鄭聰明，《北魏隋墓誌銘
　　　　字典》，頁 264～265；伏見冲敬，《書法大字典》，上冊，頁 560～561。
〔註367〕禚效峰等，《漢隸魏碑字典》，上卷，頁 619；伏見冲敬，《書法大字典》，上
　　　　冊，頁 560。
〔註368〕說見：本書第二章第三節三之（三）。
〔註369〕二玄社，《唐歐陽詢化度寺碑／溫彥博碑》，頁 42、49；二玄社，《唐歐陽詢
　　　　九成宮醴泉銘》，頁 37；二玄社，《唐裴鏡民碑／孔穎達碑》，頁 83；二玄社，
　　　　《唐歐陽通道因法師碑／泉男生墓誌銘》，頁 52、56、62；二玄社，《唐薛曜
　　　　夏日遊石淙詩》，頁 62；二玄社，《唐顏眞卿顏勤禮碑》，頁 42、56、65、69、
　　　　72、77、79；上海書畫出版社，《顏眞卿元次山碑》，頁 11、45、54。
〔註370〕故宮博物院，《宋人墨跡集冊》，第 2 冊，頁 3。
〔註371〕說見：本書第一章第四節三之（三）。
〔註372〕容庚，《金文編》，第二‧九，見：《金文編／續金文編》，頁 84。
〔註373〕丁福保，《說文解字詁林》，第 2 冊，頁 1183。
〔註374〕禚效峰等，《漢隸魏碑字典》，上卷，頁 651；鄭聰明，《北魏隋墓誌銘字典》，
　　　　頁 188～189；伏見冲敬，《書法大字典》，上冊，頁 358～359。
〔註375〕禚效峰等，《漢隸魏碑字典》，上卷，頁 651；鄭聰明，《北魏隋墓誌銘字典》，
　　　　頁 188～189；伏見冲敬，《書法大字典》，上冊，頁 358～359。

如：〈昭仁寺碑〉等作「哉」，〔註376〕其左上之「才」皆作若「十」，與〈元診墓誌〉或〈司馬景和妻墓誌〉相同，亦屬於大篆系統。而清代傅山〈曾子問〉作「哉」，〔註377〕其左上從「才」，源自《說文解字》，乃宋以後新增之小篆系統楷書。

此外，同樣從「才」之「載」字，傅山〈曾子問〉作「載」，〔註378〕亦為乃宋以後新增之小篆系統楷書。

5、「皇」字

「皇」字楷書，唐代之前如北魏〈司馬顯姿墓誌〉等作「皇」，〔註379〕上方若「白」，源自金文，〔註380〕屬於大篆系統。唐代如〈昭仁寺碑〉等作「皇」，〔註381〕上方若「白」，與〈司馬顯姿墓誌〉等同屬於大篆系統。而北宋・劉燾〈尺牘〉作「皇」，〔註382〕清傅山〈雜書冊〉作「皇」，〔註383〕上段皆從「自」，源自《說文解字》，〔註384〕乃宋以後新增之小篆系統楷書。

6、「鬼」字

「鬼」字楷書，唐代之前無論北魏〈元倪墓誌〉等之作「鬼」，〔註385〕

〔註376〕二玄社，《唐昭仁寺碑》，頁9、11、37、49、53、67、75；二玄社，《唐褚遂良孟法師碑》，頁8；二玄社，《唐褚遂良雁塔聖教序》，頁17；二玄社，《唐魏栖梧善才寺碑》（東京，1989），頁31、33；文物出版社，《唐顏眞卿書王琳墓誌銘》，頁14。

〔註377〕二玄社，《清傅山集》（東京，1989），頁57。

〔註378〕二玄社，《清傅山集》，頁51。

〔註379〕襲效峰等，《漢隸魏碑字典》，上卷，頁699～701；鄭聰明，《北魏隋墓誌銘字典》，頁588～590；伏見冲敬，《書法大字典》，下冊，頁1525。

〔註380〕説見：本書第一章第四節二之（三）。

〔註381〕二玄社，《唐昭仁寺碑》，頁12、19、67；二玄社，《唐歐陽詢皇甫誕碑》，頁4、30；二玄社，《唐歐陽詢九成宮醴泉銘》，頁7、11、33；二玄社，《唐褚遂良孟法師碑》，頁16、18、20；二玄社，《唐褚遂良雁塔聖教序》，頁5、35、43、55、57；二玄社，《唐歐陽通道因法師碑／泉男生墓誌銘》，頁55、58；二玄社，《唐薛曜夏日遊石淙詩》，頁23；二玄社，《唐顏眞卿多寶塔碑》，頁22；二玄社，《唐柳公權玄祕塔碑》，頁21、22、23；二玄社，《唐柳公權左神策軍紀聖德碑》，頁3、11、21、37。

〔註382〕故宮博物院，《宋人墨跡集冊》，第3冊，頁27。

〔註383〕二玄社，《明末三家集倪元璐・黃道周・傅山》，頁43。

〔註384〕説見：本書第一章第四節二之（三）。

〔註385〕襲效峰等，《漢隸魏碑字典》，上卷，頁702；鄭聰明，《北魏隋墓誌銘字典》，頁890；伏見冲敬，《書法大字典》，下冊，頁2529。

抑或北魏〈弔比干碑〉等之作「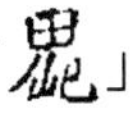」，〔註 386〕其上方皆若「田」，源自甲骨文，〔註 387〕屬於大篆系統。唐代如〈昭仁寺碑〉等作「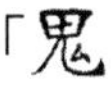」，〔註 388〕與〈元倪墓誌〉等相同，亦屬於大篆系統。而清代鄭燮作「」，〔註 389〕其上方有撇，源自《說文解字》，〔註 390〕乃宋以後新增之小篆系統楷書。

7、「深」字

甲骨文作「」、「」、「」三形。〔註 391〕

金文缺。

說文解字》云：

，水入桂陽南平，西入營道，从水、罙聲。〔註 392〕

「深」字楷書，唐代之前無論北魏〈石函蓋銘〉之作「」，〔註 393〕南朝宋〈爨龍顏碑〉之作「」，〔註 394〕抑或隋〈秘丹墓誌〉之作「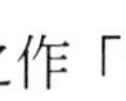」，〔註 395〕其右上皆从「穴」，蓋源自《說文解字》而右下稍有訛變。唐代如薛曜〈夏日遊石淙詩〉作「」，〔註 396〕與〈石函蓋銘〉近似，唯「穴」缺左豎。而清代傅山〈雜書冊〉作「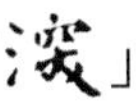」，〔註 397〕則全依《說文解字》，乃宋以後新增之小篆系統楷書。

8、「曹」字

甲骨文作「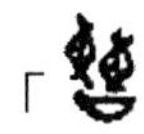」，〔註 398〕竊以爲：从口、棘聲，本義爲喧譁，即「嘈」

〔註 386〕秦效峰等，《漢隸魏碑字典》，上卷，頁 702；伏見冲敬，《書法大字典》，下冊，頁 2529。

〔註 387〕說見：本書第一章第四節四之（一）。

〔註 388〕二玄社，《唐昭仁寺碑》，頁 23；文物出版社，《唐顏眞卿書王琳墓誌銘》，頁 18。

〔註 389〕陳斌，《明清書法字典》（西安：三泰出版社，2013），頁 916。

〔註 390〕說見：本書第一章第四節四之（一）。

〔註 391〕李宗焜，《甲骨文字編》，上冊，頁 318。

〔註 392〕丁福保，《說文解字詁林》，第九冊，頁 143。

〔註 393〕伏見冲敬，《書法大字典》，上冊，頁 1306。

〔註 394〕秦效峰等，《漢隸魏碑字典》，下卷，頁 884；伏見冲敬，《書法大字典》，上冊，頁 1306。

〔註 395〕鄭聰明，《北魏隋墓誌銘字典》，頁 523。

〔註 396〕二玄社，《唐薛曜夏日遊石淙詩》，頁 92。

〔註 397〕二玄社，《明末三家集倪元璐・黃道周・傅山》，頁 41。

〔註 398〕李宗焜，《甲骨文字編》，下冊，頁 1269。

之初文。張亞初則謂：「曹从口，殆即槽之本字。」〔註399〕

金文作「𣍈」、「𣍈」、「𣍈」……等形，〔註400〕「口」衍爲「甘」；而第三形上方但从一「東」，當係省文。

《說文解字》云：

𣍈，獄之兩曹也，在廷東，从棘，治事者也，从曰。〔註401〕

「曹」字，戴侗謂：「即嘈字，从曰、棘聲。」〔註402〕其說可從。

「曹」字楷書，唐代之前無論北魏〈魏靈藏造像記〉等之作「曹」，〔註403〕抑或北魏〈元葭墓誌〉等之作「書」，〔註404〕皆源自《說文解字》而上段多有省變。唐代如顏眞卿〈東方朔畫像贊〉等作「曹」，〔註405〕與〈魏靈藏造像記〉等相同；至於顏眞卿〈郭虛己墓誌〉等作「書」，〔註406〕則與〈元葭墓誌〉等相同。而清‧傅山〈雜書冊〉作「𣍈」，〔註407〕上方从二東，則全依《說文解字》，乃宋以後新增之小篆系統楷書。

9、「敢」字

甲骨文缺。

金文作「𢼸」、「𢼸」、「𢼸」、「𢼸」、「𢼸」、「𢼸」……等形，〔註408〕

《說文解字》云：

〔註399〕古文字詁林編纂委員會，《古文字詁林》，第 5 冊，頁 18。

〔註400〕容庚，《金文編》，第五‧一一，見：《金文編／續金文編》，頁 285；古文字詁林編纂委員會，《古文字詁林》，第 5 冊，頁 15。

〔註401〕丁福保，《說文解字詁林》，第四冊，頁 1232。

〔註402〕古文字詁林編纂委員會，《古文字詁林》，第 5 冊，頁 17。

〔註403〕禚效峰等，《漢隸魏碑字典》，下卷，頁 847；鄭聰明，《北魏隋墓誌銘字典》，頁 447；伏見冲敬，《書法大字典》，上冊，頁 1079。

〔註404〕禚效峰等，《漢隸魏碑字典》，下卷，頁 847～848；鄭聰明，《北魏隋墓誌銘字典》，頁 447；伏見冲敬，《書法大字典》，上冊，頁 1079。

〔註405〕顏眞卿，《畫贊碑》，頁 120；二玄社，《唐顏眞卿顏勤禮碑》，頁 25、31；二玄社，《唐顏眞卿顏氏家廟碑》，上冊，頁 17、31；下冊 35、56、59（2）。

〔註406〕顏眞卿，《郭虛己墓誌銘》，頁 41、92、93；顏眞卿，《畫贊碑》，頁 112；二玄社，《唐顏眞卿顏勤禮碑》，頁 44、68、83。

〔註407〕二玄社，《明末三家集倪元璐‧黃道周‧傅山》，頁 34。

〔註408〕容庚，《金文編》，第四‧一八，見：《金文編／續金文編》，頁 250～252。

敢，進取也，從受、古聲。**敢**，籀文敢。**敢**，古文敢。〔註409〕

「敢」字楷書，唐代之前皆爲大篆系統，如：魏・鍾繇〈宣示表〉等之作「**敢**」，〔註410〕蓋源自籀文之作「**敢**」，〔註411〕屬於大篆系統。唐代如歐陽詢〈九成宮醴泉銘〉等之作「**敢**」，〔註412〕，亦屬於大篆系統。唐代之後如清代傅山〈曾子問〉作「**敢**」，〔註413〕源自《說文解字》，乃宋以後新增之小篆系統楷書。

10、「醜」字

甲骨文缺。

金文缺。

《說文解字》云：

醜，可惡也，從鬼、酉聲。〔註414〕

「醜」字楷書，唐代之前皆爲大篆系統，如：北魏〈孫秋生造像記〉等之作「**醜**」，〔註415〕或北魏〈于景墓誌〉等之作「**醜**」，〔註416〕右旁「鬼」上無撇，屬於大篆系統。唐代如〈等慈寺碑〉之作「**醜**」，〔註417〕「鬼」上無撇，亦屬於大篆系統。唐代之後，如：清代傅山〈曾子問〉作「**醜**」，〔註418〕「酉」中僅一橫向筆畫，而「鬼」上有撇，源自《說文解字》，乃宋以後新增之小篆系統楷書。

〔註409〕丁福保，《說文解字詁林》，第四冊，頁579。

〔註410〕二玄社，《淳化閣帖》，卷二，頁20；禚效峰等，《漢隸魏碑字典》，下卷，頁893；鄭聰明，《北魏隋墓誌銘字典》，頁405；伏見冲敬，《書法大字典》，上冊，頁987。

〔註411〕丁福保，《說文解字詁林》，第四冊，頁579。

〔註412〕二玄社，《唐歐陽詢九成宮醴泉銘》，頁32；二玄社，《唐顏眞卿顏氏家廟碑》，下冊，頁77。

〔註413〕二玄社，《清傅山集》，頁43。

〔註414〕丁福保，《說文解字詁林》，第七冊，頁1190。

〔註415〕禚效峰等，《漢隸魏碑字典》，上卷，頁190；伏見冲敬，《書法大字典》，下冊，頁2287。

〔註416〕禚效峰等，《漢隸魏碑字典》，上卷，頁190；伏見冲敬，《書法大字典》，下冊，頁2287。

〔註417〕二玄社，《唐顏師古等慈寺碑》，頁41

〔註418〕二玄社，《明末三家集倪元璐・黃道周・傅山》，頁22、23。

二、以小篆系統爲主之現代楷書

（一）現代楷書，部分以大篆系統爲標準字體

現代通行之楷書，仍有部分以大篆系統爲標準字體者，例如——

1、「不」字

甲骨文作「𣎴」、「𣎴」、「𣎴」、「𣎴」、「𣎴」……等形，〔註419〕

金文作「𣎴」、「𣎴」、「𣎴」、「𣎴」、「𣎴」……等形，〔註420〕與甲骨文略同。

《說文解字》云：

　　𣎴，鳥飛上翔不下來也，从一，一猶天也，象形。〔註421〕

「不」字楷書，現代之標準字體作「不」，源自甲骨文第四形與金文第四形，屬於大篆系統。此外，如从「不」之丕、坏、否、杯、盃……等字，其標準楷書亦皆屬於大篆系統。

2、「坐」字

甲骨文作「𡋲」、「𡋲」、「𡋲」、「𡋲」……等形，〔註422〕从卩从因（人跪坐於衽蓆之上），會意。

金文缺。

《說文解字》云：

　　𡊄，止也，从土、从留省，土所止也，此與留同意。𡊄，古文坐。
〔註423〕

楷書，現代之標準字體作「坐」，源自《說文解字》古文，屬於大篆系統。

「座」字。此外，从「坐」之剉、座、挫、脞、銼……等字，其標準楷書亦皆屬於大篆系統。

3、「新」字

甲骨文作「𣂪」、「𣂪」、「𣂪」、「𣂪」、「𣂪」、「𣂪」、「𣂪」……等

〔註419〕李宗焜，《甲骨文字編》，下冊，頁989～994。

〔註420〕容庚，《金文編》，第一二‧一，見：《金文編／續金文編》，頁627～628。

〔註421〕丁福保，《說文解字詁林》，第九冊，頁944。

〔註422〕李宗焜，《甲骨文字編》，中冊，頁835。

〔註423〕丁福保，《說文解字詁林》，第十冊，頁1150。

形，〔註424〕前五形皆从斤、辛聲，唯「辛」之筆畫繁簡有所不同；第六形加「又」爲形符；第七形則加「木」爲形符。

　　金文作「新」、「新」、「新」、「新」、「新」……等形，〔註425〕皆从斤、辛聲，而第五形則衍爲小篆。

　　《說文解字》云：

　　　新，取木也，从斤、亲聲。〔註426〕

　　「新」字楷書，現代之標準字體作「新」，其左旁蓋源自「辛」字甲骨文之作「辛」或金文之作「辛」，〔註427〕屬於大篆系統。此外，从「新」之薪字，其標準楷書亦皆屬於大篆系統。

　　4、「畏」字

　　甲骨文作「畏」或「畏」，〔註428〕从人戴由而手執杖。

　　金文作「畏」、「畏」、「畏」……等形，〔註429〕與甲骨文略同；唯或省去人手，或將手與杖合書作「攴」。

　　《說文解字》云：

　　　畏，惡也，从由、虎省；鬼頭而虎爪，可畏也。〔註430〕

　　「畏」字楷書，現代之標準字體作「畏」，上段若「田」，源自甲骨文與金文，屬於大篆系統。此外，从「畏」之偎、喂、猥、隈、餵……等字，其標準楷書亦皆屬於大篆系統。

　　5、「劍」字

　　甲骨文缺。

　　金文作「劍」、「劍」、「劍」……等形，〔註431〕皆从金、僉聲。

　　《說文解字》云：

〔註424〕李宗焜，《甲骨文字編》，下冊，頁985。
〔註425〕容庚，《金文編》，第一四・九，見：《金文編／續金文編》，頁753～754。
〔註426〕丁福保，《說文解字詁林》，第十一冊，頁260。
〔註427〕參見：本書第一章第四節三之（二）。
〔註428〕李宗焜，《甲骨文字編》，中冊，頁833。
〔註429〕容庚，《金文編》，第九・一三，見：《金文編／續金文編》，頁552。
〔註430〕丁福保，《說文解字詁林》，第七冊，頁1196。
〔註431〕容庚，《金文編》，第四・二四，見：《金文編／續金文編》，頁262。

，人所帶兵也，从刃、僉聲。，籀文劍从刀。〔註432〕

「劍」字楷書，現代通行之標準字體作「劍」，右旁从刀，源自籀文，乃屬於大篆系統。

（二）現代楷書，大多數以小篆系統為標準字體

唯更多現代通行之楷書，則以小篆系統爲標準字體，例如——

1、「夭」字

甲骨文缺。

金文作「」，〔註433〕象人快速行走而手臂上下擺動之形。

《說文解字》云：

，屈也，从大象形。〔註434〕

「夭」字楷書，現代之標準字體作「夭」，源自《說文解字》篆文，屬於小篆系統。此外，从「夭」之妖、沃、笑、喬、飫……等字，其標準楷書亦皆屬於小篆系統。

2、「手」字

甲骨文缺。

金文作「」、「」、「」……等形，〔註435〕

《說文解字》云：

，拳也，象形。〔註436〕

「手」字楷書，現代之標準字體作「手」，源自《說文解字》篆文，屬於小篆系統。此外，从「手」之承、拜、拳、掌、摩……等字，其標準楷書亦皆屬於小篆系統。

3、「正」字

甲骨文作「」、「」、「」、「」……等形，〔註437〕前三形皆从止、

〔註432〕丁福保，《說文解字詁林》，第四冊，頁900。
〔註433〕容庚，《金文編》，第一〇·一〇，見：《金文編／續金文編》，頁586。
〔註434〕丁福保，《說文解字詁林》，第八冊，960。
〔註435〕容庚，《金文編》，第一二·六，見：《金文編／續金文編》，頁637。
〔註436〕丁福保，《說文解字詁林》，第九冊，頁1119。
〔註437〕李宗焜，《甲骨文字編》，上冊，頁277～279。

丁聲；第四形則「丁」訛作「曰」。

　　金文作「![字形]」、「![字形]」、「![字形]」、「![字形]」、「![字形]」……等形，〔註438〕皆从止、丁聲；第三形「丁」簡化爲橫畫；末二形則在橫畫之上加一短橫。

　　《說文解字》云：

　　　　![篆文]，是也，从止、一以止。〔註439〕

　　「正」字楷書，現代之標準字體作「正」，源自《說文解字》篆文，屬於小篆系統。此外，从「正」之定、征、政、症、整……等字，其標準楷書亦皆屬於小篆系統。

　　4、「虎」字

　　甲骨文作「![字形]」、「![字形]」、「![字形]」、「![字形]」、「![字形]」……等形，〔註440〕前四者皆象老虎之形，第五形則下从「儿」；〔註441〕金文作「![字形]」、「![字形]」、「![字形]」、「![字形]」、「![字形]」……等形，〔註442〕亦皆象老虎之形，第五形之下段則似「儿」。

　　《說文解字》云：

　　　　![篆文]，山獸之君，从虍，虎足象人足，象形。……![古文]，古文虎。![古文]，亦古文虎。〔註443〕

　　「虎」字楷書，現代之標準字體作「虎」，源自《說文解字》篆文，屬於小篆系統。此外，从「虎」之唬、彪、琥、裑、遞……等字，其標準楷書亦皆屬於小篆系統。

　　5、「相」字

　　甲骨文作「![字形]」、「![字形]」、「![字形]」、「![字形]」……等形，〔註444〕前二形从臣（象瞋目形）、从木；後二形从目、从木。

〔註438〕容庚，《金文編》，第二‧一九，見：《金文編／續金文編》，頁103～105。
〔註439〕丁福保，《說文解字詁林》，第三冊，頁1。
〔註440〕李宗焜，《甲骨文字編》，中冊，頁593～597。
〔註441〕李宗焜《甲骨文字編》釋作上「虍」下「人」。
〔註442〕容庚，《金文編》，第五‧一八，見：《金文編／續金文編》，頁299。
〔註443〕丁福保，《說文解字詁林》，第四4冊，頁1362。
〔註444〕李宗焜，《甲骨文字編》，上冊，頁206。

金文作、「相」、「相」、「相」……等形，〔註445〕蓋皆从臣（象瞋目形）、从木；而第三形之「臣」則近於小篆之「目」。

《說文解字》云：

相，省視也，从目、从木。《易》曰：「地可觀者，莫可觀於木。」

《詩》曰：「相鼠有皮。」〔註446〕

「相」字楷書，現代之標準字體作「相」，源自《說文解字》篆文，屬於小篆系統。

此外，如从「相」之廂、想、湘、箱、緗……等字，其標準楷書亦皆屬於小篆系統。

6、「害」字

甲骨文缺。

金文作「害」、「害」、「害」、「害」……等形，〔註447〕皆从、

《說文解字》云：

害，傷也，从宀、从口，口言以家起也，丰聲。〔註448〕

「害」字楷書，現代之標準字體作「害」，「口」上三橫向筆畫，源自《說文解字》篆文，屬於小篆系統。

此外，从「害」之搳、犗、瞎、轄、鎋……等字，其標準楷書亦皆屬於小篆系統。

7、「野」字

甲骨文作「野」或「野」，〔註449〕蓋皆从林、从土；而「土」作若「士」。會郊野之意。

金文作「野」或「野」，〔註450〕；亦皆从林、从土。

《說文解字》云：

〔註445〕容庚，《金文編》，第四・二，見：《金文編／續金文編》，頁217。

〔註446〕丁福保，《說文解字詁林》，第四冊，頁72。

〔註447〕容庚，《金文編》，七・三一，見：《金文編／續金文編》，頁454。

〔註448〕丁福保，《說文解字詁林》，第六冊，頁722。

〔註449〕李宗焜，《甲骨文字編》，中冊，頁505。

〔註450〕容庚，《金文編》，一三・一三，見：《金文編／續金文編》，頁726。

〔圖〕，郊外也，从里、予聲。〔圖〕，古文野从里省、从林。〔註451〕

「野」字楷書，現代之標準字體作「野」，源自《說文解字》篆文，屬於小篆系統。此外，从「野」之墅字，其標準楷書亦屬於小篆系統。

8、「粵」字

甲骨文缺。

金文作「〔圖〕」，〔註452〕借「雩」字爲之。

《說文解字》云：

〔圖〕，亏也，審慎之詞者，从亏、从宷。《書》曰：「粵三日丁亥。」

〔註453〕

「粵」字楷書，現代之標準字體作「粵」，下方作「亏」，源自《說文解字》篆文，屬於小篆系統。

9、「龍」字

甲骨文作「〔圖〕」、「〔圖〕」、「〔圖〕」、「〔圖〕」、「〔圖〕」、「〔圖〕」、「〔圖〕」……等形，〔註454〕皆象頭上有角，張大巨嘴之爬蟲類動物形。

金文作「〔圖〕」、「〔圖〕」、「〔圖〕」……等形，〔註455〕與甲骨文略同。

《說文解字》云：

〔圖〕，鱗蟲之長，能幽能明，能細能巨，能短能長；春分而登天，秋分而潛淵。从肉、飛之形，童省聲。〔註456〕

「龍」字楷書，現代之標準字體作「龍」，右上有「卜」，源自《說文解字》篆文，屬於小篆系統。此外，从「龍」之嚨、寵、龐、瓏、籠……等字，其標準楷書亦皆屬於小篆系統。

〔註451〕丁福保，《說文解字詁林》，第十冊，頁1272。
〔註452〕容庚，《金文編》，五・一五，見：《金文編／續金文編》，頁293。
〔註453〕丁福保，《說文解字詁林》，第四冊，頁1270。
〔註454〕李宗焜，《甲骨文字編》，中冊，頁660～662。
〔註455〕容庚，《金文編》，一一・一二，見：《金文編／續金文編》，頁625。
〔註456〕丁福保，《說文解字詁林》，第九冊，頁907。

10、「寶」字

　　甲骨文作「」、「」、「」、「」、「」、「」……等形，〔註457〕前四形从宀、从貝、从玨；第五形从宀、从貝、从玉；、第六形則但从宀、从貝，皆表寶藏之義。

　　金文作「」、「」、「」、「」、「」、「」……等形，〔註458〕前二形从宀、从玉、从貝，缶聲；第三形之「貝」訛作「鼎」；第四形从宀、从玉、畐聲；第五形从宀、从玉、午聲；第六形从宀、缶聲。

　　《說文解字》云：

　　，珍也，从玉、从貝，缶聲。，古文寶省貝。〔註459〕

　　「寶」字楷書，現代之標準字體作「寶」，源自《說文解字》篆文，屬於小篆系統。

〔註457〕李宗焜，《甲骨文字編》，中冊，頁721。
〔註458〕容庚，《金文編》，七・二五，見：《金文編／續金文編》，頁442～449。
〔註459〕丁福保，《說文解字詁林》，第六冊，頁688。

結　論

　　透過以上各章節之討論，可以獲致以下結論：

　　一、唐代楷書具備「用筆講究，點畫定型，起止頓挫分明，結構勻侔、
規整，法度森嚴，程序穩定」等優點，遂成爲後世學習楷書之典範。直至現
今，楷書仍是漢字當中使用最爲頻繁的一種書體；而今人學習楷書書法，亦
往往自唐代的碑帖入手。

　　二、「二篆」爲大篆與小篆之合稱。所謂「大篆」，義同「古文」，乃先秦
文字之統稱；所謂「小篆」，義同「今文」，指秦代在刻石等正式場合所使用
之字體。某一個文字之文字構成淵源於大篆，固屬於大篆系統；某一個文字
之文字構成淵源於小篆，則屬於小篆系統。大篆系統與小篆系統合稱「二篆
系統」。

　　三、大篆系統與小篆系統之判別，其準據可以歸納爲以下四項——

　　1、某字之大篆僅一種寫法，而小篆直接承襲未加「省改」，則此字之大
篆與小篆，皆應歸屬於大篆系統。

　　2、某字之大篆有兩種以上的寫法，而其中一種爲小篆所承襲，則不爲小
篆所承襲之大篆寫法，固屬於大篆系統；而爲小篆所承襲之大篆寫法，若爲
該字之初文，則此大篆之初文，以及承襲大篆初文寫法的小篆，皆屬於大篆
系統。

　　3、某字之大篆有兩種以上的寫法，而其中一種爲小篆所承襲，則不爲小
篆所承襲之大篆寫法，固屬於大篆系統；而爲小篆所承襲之大篆寫法若非該
字之初文，則此大篆之非初文，以及承襲大篆非初文寫法的小篆，皆屬於小
篆系統。

4、某字之大篆無論有多少種寫法,其中一種被據以省改爲小篆。則大篆之所有寫法固皆屬於大篆系統;而省改後之小篆應屬於小篆系統。

四、基於上述二篆系統判別之準據,大篆文字固多屬於大篆系統者,唯亦有屬於小篆系統者;反之,小篆文字固多屬於小篆系統者,唯亦有屬於大篆系統者。而篆書以下之隸書、草書、行書與楷書各種書體,其字形淵源或爲大篆,或爲小篆;故亦皆各有其二篆系統。

五、無論順著書體產生之次序由前向後縷述所謂「篆、隸、草、楷」,抑或逆著書體產生之次序從後往前回溯所謂「眞、行、草、隸、篆」,楷書都是中國書體中最晚產生的一種。

六、楷書這種書體,歷代有「隸書」、「今隸」、「章程書」、「章楷」、「楷書」、「楷則」、「楷法」、「眞書」、「眞楷」、「眞正」、「正書」、「正楷」、「正隸」、「北碑」、「魏體」、「魏碑」各種不同稱呼。其中,「隸書」又簡稱「隸」;「楷書」又簡稱「楷」;「眞書」又簡稱「眞」;「正書」又簡稱「正」。

七、虞世南〈筆髓論・釋眞〉謂以「體約八分,勢同章草」形容楷書;意謂:楷書之形體簡化自漢代隸書,至於其筆勢則多與章草相同。此固自文字之形體與點畫而言;若就書寫的筆順看來,楷書顯然更接近行書。

八、根據傳世書跡以及書學文獻考察,楷書書體之形成在行書之後,應不晚於漢代末年;三國時代出現鍾繇與韋誕兩位楷書名家。西晉與東晉二王等小楷,實繼承鍾繇之「章程書」;若兩晉之碑刻或寫經則爲「銘石書」之遺緒。南北朝之楷書,固以北碑爲主流,方折筆意顯著,大率屬於「銘石書」之系統;唯南方、甚至北方之楷書中,皆不乏用筆圓轉,而屬於「章程書」系統者。隋代楷書漸融合「章程書」與「銘石書」。唐代楷書乃多取法王羲之,以「章程書」系統爲主流。其間,雖有少數書跡仍持北碑書法;絕大多數皆已擺脫「銘石書」以方折爲主之筆勢;楷書一體至此爰臻於成熟。

九、唐代爲中國書法史上之中興時期。而在各體書法中,唐代士人最重視者爲當時稱作「隸書」的楷書。因此,在有唐一代(618~907),楷書的藝術表現毋寧是各種書體中最爲精彩者。而唐代楷書的藝術成就,則可以從眾多楷書書家、大量楷書書跡、浩繁的楷書書論三方面得到印證。

十、與先前鍾、王的章程書或南北朝的魏碑等楷書相較,唐代的楷書中屬於大篆系統者相對減少,而屬於小篆系統者則相對增加。例如在唐代之前專行大篆系統的楷書中,「字」、「走」、「卑」、「念」、「哉」等字,唐唐代固亦

專行大篆系統；若「岡」、「皆」、「習」、「景」、「魯」等字，唐代則除了大篆系統之外，且出現了小篆系統之寫法。在唐代之前專行小篆系統的楷書中，「冬」、「牢」、「夜」、「貞」、「福」、等字，仍專行小篆系統；並無其他文字增加大篆系統之寫法。在唐代之前兼行二篆系統的楷書中，「章」、「專」、「既」、「會」、「興」等字，唐代亦兼行二篆系統；若享制呼朝經等字，專行大篆系統；「兮」、「男」、「勇」、「掌」、「彰」等字，則專行小篆系統。

十一、事實上，魏晉至隋期間之楷書文字，其屬於小篆系統者較諸漢代隸書頗有增加；而唐代楷書文字之屬於小篆系統者，又較魏晉至隋期間明顯地增加。如「七」、「乃」、「十」、「安」、「孟」等字，漢代隸書已有作小篆系統者，唐代之前的楷書，亦承襲而作小篆系統。若「井」、「受」、「章」、「曾」、「遵」等字，漢代隸書皆作大篆系統，而唐代之前的楷書，則皆新增小篆系統之寫法。

十二、唐代楷書，一方面承襲魏晉至隋期間既有之小篆系統楷書；另一方面則新增魏晉至隋期間所無之小篆系統楷書。例如：「七」、「乃」、「十」、「安」、「孟」、「井」、「受」、「章」、「曾」、「遵」等字，唐代楷書亦有作小篆系統者，實承襲魏晉至隋期間小篆系統楷書之寫法。若「旁」、「叟」、「將」、「族」、「魚」、「殿」、「嘗」、「蓋」、「薛」、「隱」等字，魏晉至隋期間已有小篆系統之楷書，唯稍有訛變；唐代乃據《說文解字》小篆而改作為新的小篆系統楷書。至於「旨」、「罕」、「帥」、「悉」、「就」、「松」、「僧」、「懷」、「影」、「釋」、等字，魏晉至隋期間之楷書皆作大篆系統；而唐代楷書則皆新增小篆系統之寫法。

十三、在唐代之前，楷書已有不少文字的寫法屬於小篆系統；而在唐代的 288 年（618～906）之間，屬於小篆系統的楷書文字大量持續增加。唐代小篆系統的楷書文字激增，固有其時代的背景；而此種以小篆系統作為楷書文字的作法，也影響了後世楷書的演變。

十四、唐代之前的小篆系統楷書，有源自漢代隸書者，如：「七」、「乃」、「十」、「安」、「孟」等字是。亦有魏晉至隋期間新增者，如：「井」、「受」、「章」、「曾」、「遵」等字是。

十五、唐代一方面承襲魏晉至隋期間既有之小篆系統楷書；另一方面則新增魏晉至隋期間所無之小篆系統楷書。前者如：「七」、「乃」、「十」、「安」、「孟」、「井」、「受」、「章」、「曾」、「遵」等字是；而後者則如：「旁」、「叟」、

「將」、「族」、「魚」、「殿」、「嘗」、「蓋」、「薛」、「隱」、「旨」、「罕」、「帥」、「悉」、「就」、「松」、「僧」、「懷」、「影」、「釋」以及「光」、「京」、「宜」、「明」、「岡」、「皆」、「習」、「景」、「魯」、「劫」等字是。

十六、唐代小篆系統楷書顯著增加，其主要的原因在於唐代以《說文解字》、《字林》《三體石經》之小篆作爲文字書寫之標準。而唐代之以《說文解字》等作爲文字書寫標準之具體事實，則可自三方面觀察：其一，「書學」以《石經》、《說文》、《字林》爲專業；其二，「明書」科課試，以《說文解字》與《字林》二書爲要典；其三，刊正文字亦以《說文解字》與《字林》等小篆爲本。

十七、唐代許多書法家對於當時楷書的小篆系統之增多，皆有促成之功；唯若論及促使唐代楷書小篆系統增多之關鍵人物，則非顏眞卿莫屬。顏魯公除了繼承前人小篆系統的楷書寫法之外，自己也根據《說文解字》等書的小篆，有意識地將某些筆畫訛變的小篆系統楷書加以訂正；甚或將許多大篆系統的楷書改作小篆系統。例如——

1、「叟」字之作「叜」，「傍」字之作「傍」，「嘗」字之作「嘗」，「蓋」字之作「葢」……，乃顏魯公根據《說文解字》等書的小篆，將筆畫訛變的小篆系統楷書加以訂正者。

2、若「光」字之作「光」，「京」字之作「京」，「宜」字之作「宜」，「岡」字之作「岡」，「皆」字之作「皆」，「悉」字之作「悉」，「景」字之作「景」，或作「景」，「影」字之作「影」，「魯」字之作「魯」……，則爲顏魯公根據《說文解字》等書的小篆，將大篆系統的楷書改作小篆系統者。

十八、唐代的楷書成爲後世學習的模範，尤其歐陽詢、虞世南、褚遂良、顏眞卿、柳公權五大書法家的作品，更是成爲爭相仿效的對象。因此，唐代之後的楷書受到唐代楷書之影響極大，甚至在唐代楷書的基礎上，又增加了不少屬於小篆系統的楷書文字。

十九、宋元明清期間，一方面重現魏晉至隋代已有之小篆系統楷書，如：「享」、「哭」、「追」、「尉」、「得」、「散」、「朝」、「黃」、「親」、「虧」等字是；另一方面則新增魏晉至唐代所無之小篆系統楷書，如：「早」、「更」、「官」、「哉」、「皇」、「鬼」、「深」、「曹」、「敢」、「醜」等字是。

二十、至於現代所謂的「國字標準字體」，固然有部分仍爲大篆系統，如：「不」、「坐」、「新」、「畏」、「劍」等字是；唯更多現代通行之楷書，則以小

篆系統爲標準字體，如：「夭」、「手」、「正」、「虎」、「相」、「害」、「野」、「粵」、
「龍」、「寶」、等字是。

　　總之，唐代楷書處於此種書體之成熟階段。唐代楷書一方面自魏晉南北
朝以及隋代之楷書吸取養分，另一方面則影響五代宋元明清迄於現今之楷
書。自文字構成之角度觀察，唐代楷書可以分爲大篆系統與小篆系統二種類
型；而其中小篆系統之數量，較之魏晉南北朝以及隋代之楷書，有大量增加
之現象——此種小篆系統增多之情形，在五代迄今之楷書中，仍然持續進行
著。

參考書目

一、專書

1. 一品堂，《祝允明楷書千字文》，南寧：廣西美術出版社，2013。

2. 乙庄，《趙孟頫眞草千字文》，南昌：江西美術社，2013。

3. 丁福保，《說文解字詁林》，臺北：鼎文書局，1983。

4. 二玄社，《周石鼓文》，東京，1981。

5. 二玄社，《秦泰山刻石／瑯邪臺刻石》，東京，1979。

6. 二玄社，《秦權量銘》，東京，1979。

7. 二玄社，《漢孟琁殘碑／張景造土牛碑》，東京，1975。

8. 二玄社，《漢北海相景君碑》，東京，1978。

9. 二玄社，《漢石門頌》，東京，1981。

10. 二玄社，《漢武氏祠畫像題字》，東京，1981。

11. 二玄社，《漢乙瑛碑》，東京，1980。

12. 二玄社，《漢禮器碑》，東京，1982。

13. 二玄社，《漢張景造土牛碑》，東京，1975。

14. 二玄社，《漢封龍山頌》，東京，1976。

15. 二玄社，《漢西嶽華山廟碑》，東京，1984。

16. 二玄社，《漢史晨前後碑》，東京，1962。

17. 二玄社，《漢韓仁銘／夏承碑》，東京，1981。

18. 二玄社，《漢西狹頌》，東京，1982。

19. 二玄社，《漢尹宙碑》，東京，1982。

20. 二玄社，《漢曹全碑》，東京，1980。

21. 二玄社，《漢張遷碑》，東京，1981。

22. 二玄社，《魏曹眞殘碑／王基殘碑》，東京，1975。

23. 二玄社，《魏晉小楷集》，東京，1975。

24. 二玄社，《吳谷朗碑／禪國山碑》，東京，1969。

25. 二玄社，《東晉王羲之尺牘 1》，東京，1978。

26. 二玄社，《東晉王羲之集字聖教序》，東京，1984。

27. 二玄社，《東晉王羲之蘭亭敍七種》，東京，1982。

28. 二玄社，《東晉爨寶子碑／宋爨龍顏碑》，東京，1980。

29. 二玄社，《晉唐小楷集十一種〈越州石氏本〉》，東京，1980。

30. 二玄社，《梁貝義淵蕭憺碑》，東京，1976。

31. 二玄社，《梁瘞鶴銘》，東京，1981。

32. 二玄社，《北魏高貞碑》，東京，1990。

33. 二玄社，《北魏鄭道昭鄭羲下碑》，東京，1990。

34. 二玄社，《北魏中嶽嵩高靈廟碑》，東京，1980。

35. 二玄社，《北魏石門銘》，東京，1980。

36. 二玄社，《北魏龍門二十品》，東京，1983。

37. 二玄社，《北魏鄭道昭鄭羲下碑》，東京，1981。

38. 二玄社，《北魏鄭道昭論經書詩》，東京，1981。

39. 二玄社，《北魏張猛龍碑》，東京，1979。

40. 二玄社，《六朝寫經集》，東京，1978。

41. 二玄社，《墓誌銘集 1 六朝》，東京，1983。

42. 二玄社，《墓誌銘集 2 六朝》，東京，1982。

43. 二玄社，《墓誌銘集 3 六朝》，東京，1983。

44. 二玄社，《隋智永關中本千字文》，東京，1984。

45. 二玄社，《隋唐寫經集》，東京，1980。

46. 二玄社，《唐昭仁寺碑》，東京，1983。

47. 二玄社，《唐歐陽詢九成宮醴泉銘》，東京，1984。

48. 二玄社，《唐歐陽詢化度寺碑／溫彥博碑》，東京，1984。

49. 二玄社，《唐歐陽詢皇甫誕碑》，東京，1982。

50. 二玄社，《唐顏師古等慈寺碑》，東京，1981。

51. 二玄社，《唐褚遂良伊闕佛龕碑》，東京，1978。

52. 二玄社，《唐褚遂良孟法師碑》，東京，1982。

53. 二玄社，《唐褚遂良房玄齡碑》，東京，1984。

54. 二玄社，《唐褚遂良雁塔聖教序》，東京，1984。

55. 二玄社，《唐褚遂良法帖集》，東京，1983。

56. 二玄社，《唐薛曜夏日遊石淙詩》，東京，1982。

57. 二玄社，《唐歐陽通道因法師碑》，東京，1978。

58. 二玄社，《唐歐陽通道因法師碑・泉男生墓誌銘》，東京，2006。

59. 二玄社，《唐陸柬之文賦／蘭亭詩》，東京，1980。

60. 二玄社，《唐魏栖梧善才寺碑》，東京，1989。

61. 二玄社，《唐張旭古詩四帖／郎官石記／肚痛帖》，東京，1979。

62. 二玄社，《唐顏真卿多寶塔碑》，東京，1982。

63. 二玄社，《唐顏真卿麻姑山仙壇記》，東京，1980。

64. 二玄社，《唐顏真卿顏勤禮碑》，東京，1989。

65. 二玄社，《唐顏真顏氏家廟碑》，東京，1982。

66. 二玄社，《唐顏真卿忠義堂帖》，東京，1983。

67. 二玄社，《唐李邕雲麾將軍李思訓碑》，東京，1990。

68. 二玄社，《唐李懷琳絕交書》，東京，1974。

69. 二玄社，《唐柳公權玄祕塔碑》，東京，1981。

70. 二玄社，《唐柳公權神策軍紀聖德碑》，東京，1980。

71. 二玄社，《唐鈔本世說新書》，東京，1974。

72. 二玄社，《唐鈔本王勃集》，東京，1974。

73. 二玄社，《淳化閣帖》，東京，1980。

74. 二玄社，《宋徽宗楷書千字文／神霄玉清萬壽宮碑》，東京，1983。

75. 二玄社，《清傅山集》，東京，1989。

76. 上海書畫出版社，《西漢草書神鳥傅》，上海，2003。

77. 上海書畫出版社，《漢鮮于璜碑》，上海，2001。

78. 上海書畫出版社，《東晉墓誌十種》，上海，2003。

79. 上海書畫出版社，《唐王洪範碑》，上海，2000。

80. 上海書畫出版社，《薛稷信行禪師碑》，上海，2014。

81. 上海書畫出版社，《顏真卿書元次山碑》，上海，2001。

82. 上海書畫社，《實用行書字匯》，上海，2004。

83. 中國書法院主編，《晉唐書法研究》，北京：榮寶齋出版社，2011。

84. 包世臣著，祝嘉疏證，《藝舟雙楫疏證》，臺北：華正書局，1980。

85. 天津人民美術出版社，《顏眞卿書郭虛己墓誌》，天津，2011。

86. 毛亨傳、鄭玄箋、孔穎達疏，《毛詩正義》，臺北：藝文印書館，1976。

87. 王冬梅，《楷書字典》，哈爾濱：黑龍江美術出版社，2006。

88. 王壯爲，《書法叢談》，臺北：國立編譯館，1982。

89. 王昶，《金石萃編》，西安：陝西人民美術出版社，1990。

90. 王國維，《觀堂集林》，北京：中華書局，1991。

91. 王弼、韓康伯注、孔穎達等正義，《周易正義》，《十三經注疏》第一冊，臺北：藝文印書館，1976。

92. 王澍，《淳化祕閣法帖考正》，臺北：文史哲出版社，1971。

93. 王羲之，《洛神賦》，北京：中國書店，1998。

94. 王鏞，《中國書法全集》，第九卷，《秦漢金文陶文》，北京：榮寶齋出版社，1992。

95. 北大出土文獻所，《北京大學藏西漢竹書墨迹選粹》，北京：人民美術出版社，2012。

96. 北川博邦，《章草大字典》，東京：雄山閣出版株式會社，1994。

97. 古文字詁林編纂委員會，《古文字詁林》，上海：上海教育出版社，2004。

98. 司馬遷撰、裴駰集解、司馬貞索隱、張守節正義，《史記三家注》，臺北：鼎文書局，1980。

99. 司惠國、張愛軍、王玉孝，《楷書通鑒》，北京：藍天出版社，2012。

100. 世界書局，《唐人書學論著／宣和書譜》，臺北，2011。

101. 世界書局，《宋人題跋》，臺北，1992。

102. 世界書局，《明人書學論著》，臺北，1973。

103. 世界書局，《近人書學論著》，臺北，1973。

104. 石梁編，《草字彙》，臺北：臺灣商物印書館，1982。

105. 伏見冲敬，《書法大字典》，北京：華夏出版社，2004。

106. 安井衡，《管子纂詁》，臺北：河洛圖書出版社，1976。

107. 左丘明著、韋昭注，《國語》，臺北：臺灣中華書局，1966。

108. 朱關田，《唐代書法考評》，杭州：浙江人民美術出版社，1992。

109. 米芾，《海岳名言》，楊家駱，《宋元人書學論著》之七，臺北：世界書局，1972。

110. 何九盈等主編，《中國漢字文化大觀》，北京：北京大學出版社，2002。

111. 何晏注、邢昺疏，《論語注疏》，臺北：藝文印書館，1976，《十三經注疏》第八冊。

112. 余迺永，《互註校正宋本廣韻》，臺北：聯貫出版社，1974。

113. 吾丘衍，《學古編》，上卷，〈三十五舉〉十七舉，《篆刻學》，臺北：世界書局，1973，第一種。

114. 吳競，《貞觀政要》，臺北：黎明文化事業公司，1990。

115. 宋高宗《翰墨志》《宋元人書學論著》第八種，臺北：世界書局，1972。

116. 杜浩等編，《嶧山碑》，合肥：安徽美術出版社，2014。

117. 杜佑，《通典》，臺北：臺灣商務印書館，1994。

118. 李伍強、李國強，《唐人小楷精選》，南昌：江西美術出版社，2012。

119. 李孝定，《甲骨文字集釋》，臺北：中央研究院歷史語言研究所，1982。

120. 李孝定，《金文詁林讀後記》，臺北：中央研究院歷史語言研究所，1982。

121. 李宗焜，《甲骨文字編》，北京：中華書局，2012。

122. 李靜，《隸書字典》，杭州：西泠印社出版社，2013。

123. 李靜，《楷書字典》，杭州：西泠印社出版社，2013。

124. 李志賢等編著，《中國正書大字典》，上海：上海書畫出版社，1997。

125. 沈樂平，《敦煌書法精粹》，上海：上海書畫社，2014。

126. 周法高，《顏氏家訓彙注》，臺北：中央研究院歷史語言研究所，1993。

127. 季琳、盈洲，《歷代名家草書字典》，杭州：浙江古籍出版社，1999。

128. 屈原等撰、朱熹集注，《楚辭集注》，臺北：華正書局，1974。

129. 杭迫柏樹編，《王羲之書法字典》，北京：中國青年出版社，1999。

130. 林熊祥，《書學原論》，臺北：青文出版社，1973。

131. 房玄齡等，《晉書》，臺北：鼎文書局，1980。

132. 邱振中，《筆法與章法》，上海：上海書畫出版社，2003。

133. 邱振中，《書法藝術與鑑賞》，臺北：亞太圖書出版社，1995。

134. 故宮博物院編輯委員會，《唐顏真卿書祭姪文稿》，臺北：故宮博物院，1973。

135. 故宮博物院編輯委員會，《唐孫虔禮書譜序》，臺北：故宮博物院，1987。

136. 故宮博物院編輯委員會，《宋人墨跡集冊》，臺北：故宮博物院，1971。

137. 施安昌編，《顏真卿書干祿字書》，北京：紫禁城出版社，1990。

138. 神田喜一郎，〈中國書道史〉，戴蘭村譯，《書道全集》，第二卷，臺北：大陸書店，1989。

139. 范曄著，李賢等注，《新校本後漢書》，臺北：鼎文書局，1978。

140. 洪邁，《容齋隨筆》，上海：上海古籍出版社，1998。

141. 胡樸安，《中國文字學史》，臺北：臺灣商務印書館，1992。

142. 韋述等撰，朱永嘉、蕭木注譯，《新譯唐六典》，臺北：三民書局，2002。

143. 容庚，《金文編／金文續編》，臺北：洪氏出版社，1974。

144. 孫岳頒等，《佩文齋書畫譜》，臺北：新興書局，1982。

145. 孫過庭等，《唐人書學論著／宣和書譜》，臺北：世界書局，2011。

146. 袁仲一、劉珏，《秦文字類編》，西安：陝西人民教育出版社，1993。

147. 唐蘭，《古文字導論》，臺北：樂天出版社，1973。

148. 秦緒全，《宋拓淳化閣帖》，濟南：山東美術出版社，2015。

149. 高鴻縉，《中國字例》，臺北：呂青士，1969。

150. 馬宗霍，《書林藻鑑》，臺北：世界書局，1974。

151. 馬昌儀，《古本山海經圖說》，濟南：山東畫報出版社，2003。

152. 崔爾平，《歷代書法論文選續編》，上海：上海書畫出版社，1993。

153. 康有爲著，祝嘉疏證，《廣藝舟雙楫疏證》，臺北：華正書局，1982。

154. 張玉書等撰、渡部溫訂正、嚴一萍校正，《校正康熙字典》，臺北，藝文印書館，1973。

155. 張天弓，《中國書法大事年表》，上海：上海書畫出版社，2012。

156. 張丑，《清河書畫舫》，臺北：學海出版社，1975。

157. 張自烈編、廖文英補，《正字通》，北京：國際文化出版公司，1996。

159. 張彥遠，《法書要錄》，杭州：浙江人民美術出版社，2012。

159. 教育部，《常用國字標準字體表》，臺北：正中書局，1982。

160. 梁披雲主編，《中國書法大辭典》，香港：書譜出版社，1984。

161. 曹寅蓬，《中國書法字典—金文編》，濟南：山東美術出版社，2013。

162. 脫脫等撰，楊家駱識語，《新校本宋史》，臺北：鼎文書局，1980。

163. 許慎著、段玉裁注，《說文解字注》，臺北：藝文印書館，1974。

164. 許慎撰、段玉裁注，《說文解字注》，臺北：洪葉文化事業公司，1999。

165. 郭伯佾，《漢代草書的產生》，臺北：花木蘭文化出版社，2017。

166. 郭璞注、刑昺疏，《爾雅注疏》，《十三經注疏》第八冊，臺北：藝文印書館，1976。

167. 陳垣，《史諱舉例》，臺北：文史哲出版社，1987。

168. 陳思，《書苑菁華》，北京：北京圖書館出版社，2003。

169. 陳彭年等重修、余迺永校著，《互註校正宋本廣韻》，臺北：聯貫出版社，1974。

170. 陳新雄，《聲類新編》，臺北：臺灣學生書局，1985。

171. 陶宗儀、朱謀垔撰，《書史會要／續書史會要》，杭州：浙江人民美術出

版社，2012。

172. 陸錫興，《漢代簡牘草字編》，上海：上海書畫出版社，1989。

173. 彭定求等，《全唐詩》，臺北：盤庚出版社，1979。

174. 曾紹杰編，《泰山·瑯邪台刻石》，《書道技法講座》第三十九種，東京：二玄社，1987。

175. 葉昌熾，《語石》，臺北：臺灣商務印書館，1976。

176. 華正書局，《歷代書法論文選》，臺北，1988。

177. 馮雲鵬、馮雲鵷，《金石索》，臺北：台聯國風出版社、中文出版社，1974。

178. 黃宗義，《顏真卿書法研究》，臺北：蕙風堂筆墨公司出版部，1993。

179. 黃長睿，《東觀餘論》，臺北：漢華文化事業公司，1974。

180. 黃庭堅，《山谷題跋》，卷四，楊家駱主編，《宋人題跋》，臺北：世界書局，1992。

181. 黃榮春主編，《福州十邑摩崖石刻》，福州：福建美術出版社，2008。

182. 楊倫，《杜詩鏡銓》，臺北：正大印書館，1974。

183. 楊家駱編，《王鳴盛讀書筆記十七種》，臺北：鼎文書局，1979。

184. 董浩等編，《全唐文》，上海：上海古籍出版社，2007。

185. 禚效鋒主編，《漢隸魏碑字典》，長春：吉林文史出版社，2013。

186. 趙岐注、孫奭疏，《孟子注疏》，《十三經注疏》第八冊，臺北：藝文印書館，1976。

187. 趙宧光，《寒山帚談》，《明人書學論著》第六種，臺北：世界書局，1974。

188. 劉人島、黃遠林，《中國楷書觀止》，北京：長虹出版公司，2000。

189. 劉正成主編，《中國書法鑑賞大辭典》香港：旺文出版社，1989。

190. 劉延濤，《草書通論》，臺北：中國文化大學出版部，1983。

191. 劉昫，《舊唐書》，臺北：鼎文書局，1981。

192. 歐陽修，《歐陽修全集》，臺北：河洛圖書出版社，1975。

193. 歐陽修，《新唐書》，臺北：鼎文書局，1981。

194. 鄭玄注、孔穎達疏，《禮記注疏》，《十三經注疏》第五冊，臺北，藝文印書館，1976。

195. 鄭玄注、賈公彥疏，《周禮注疏》，《十三經注疏》第三冊，臺北：藝文印書館，1976。

196. 鄭玄注、賈公彥等疏，《儀禮注疏》，《十三經注疏》第四冊，臺北：藝文印書館，1976。

197. 鄭杓，《衍極》，《宋元人書學論著》，第八種，臺北：世界書局，1972。

198. 鄭聰明，《北魏隋墓誌銘字典》，臺北：蕙風堂筆墨公司出版部，2000。

199. 歷代碑帖法書選編輯組，《唐顏真卿書王琳墓誌銘》，北京：文物出版社，2005。

200. 盧中南，《楷書研究》，北京：華文出版社，2014。

201. 龍異騰，《基礎漢字學》，成都：巴蜀書社，2002。

202. 韓非著，陳奇猷校注，《韓非子集釋》，臺北：河洛圖書出版社，1974。

203. 蕭統撰、李善等註，《增補六臣註文選》，臺北，華正書局，1974。

204. 顏真卿，《大唐中興頌》，南寧：廣西美術出版社，2010。

205. 顏真卿，《王琳墓誌銘》，北京：文物出版社，2005。

206. 顏真卿，《郭虛己墓誌》，天津：天津人民美術出版社，2011。

207. 顏真卿，《畫贊碑》，臺北：藝術圖書公司，1975。

208. 魏收，《魏書》，臺北：鼎文書局，1975。

209. 藝文印書館，《校正甲骨文編》，臺北，1974。

210. 蘇軾，《東坡題跋》，《宋人題跋》第三種，臺北：世界書局，1992。

211. 釋道世撰，周叔迦、蘇晉仁校注，《法苑珠林校注》，北京：中華書局，2006。

212. 顧大我，《楷書筆畫名稱及筆順研究》，臺北：臺灣商務印書館，1982。

213. 顧野王，《玉篇》，《小學名著六種》第一種，北京：中華書局，1998。

214. 鶴山侯氏收藏，《智永正草千字文真跡》，臺北：漢華文化事業公司，1973。

二、論文

1. 李孝定，〈中國文字的原始與演變〉上、下篇，《中央研究院歷史語言研究所集刊》，臺北，1974 年 5 月，第 45 本第 2 分，頁 343～394；第 3 分頁 529～560。

2. 姚宇亮，〈最古老的楷書──兼論鍾繇藝術〉，《晉唐楷書研究》，北京：榮寶齋出版社，2011。

3. 郭伯佾，〈「八分」名義考釋──王愔「字方八分」說的再肯定〉，中華民國書法教育學會，《一九九〇年書法論文徵選入選論文集》之伍。

4. 郭伯佾，〈漢碑隸書的文字構成〉，臺北：中國文化大學藝術研究所碩士論文，1990。

5. 郭伯佾，〈行書的起源及其特質──從「典藏行草展」說起〉，臺北市立美術館，《現代美術》，1991 年 6 月第 36 期。

6. 黃緯中，〈略說唐代的書學制度〉，收於：《唐代書法史研究集》，臺北：蕙風堂，1994。

7. 樊有升、李獻奇，〈洛陽新出土張旭楷書《嚴仁墓誌》〉，《書法叢刊》，北京：文物出版社，1992 年第 4 期。